29

Colle

GW01459791

AU
« TROIS CASSOULETS »

Romans d'Exbrayat

(Masque et Club des Masques)

	Masque	Club des masques
Aimez-vous la pizza ?	700	55
Amour et sparadrap	680	21
Les amours auvergnates	1001	506
Les amoureux de Léningrad	1061	157
Au " Trois Cassoulets "	1154	229
Avanti la musica	715	43
La balade de Jenny Plumpett	1481	
Barthélemy et sa colère	854	354
La belle Véronaise	1210	268
Les blondes et papa	727	126
Bye, bye, chérie	1330	562
Caroline sur son banc	1556	
Ce mort que nul n'aimait	625	133
Ces sacrées Florentines	1046	147
C'est pas Dieu possible	1308	544
Cet imbécile de Ludovic	674	85
Chant funèbre pour un gitan	1012	145
Le château des amours mortes	1608	
Chewing-gum et spaghetti	665	12
Chianti et Coca Cola	897	33
Le clan Morembert	1098	520
Le colonel est retourné chez lui	875	170
Les dames du Creusot	904	398
Le dernier des salauds	958	454
Des amours compliquées	1457	
Des demoiselles imprudentes	721	369
Des filles si tranquilles	1123	529
Deux enfants tristes	1423	555
Dors tranquille, Katherine	762	286
Les douceurs provinciales	1744	51
Elle avait trop de mémoire	583	27
En souvenir d'Alice	1469	
Encore vous, Imogène ?	753	118
Espion où es-tu ? M'entends-tu ?	1761	98
Et qu'ça saute !	1751	106
Félicité de la Croix-Rousse	1033	215
Les fiançailles d'Imogène	1176	197
Les filles de Folignazzaro	797	360
Fini de rire, fillette	1512	568
La haine est ma compagne	1634	
L'honneur de Barberine	1741	
La honte de la famille	831	478

Exbrayat

AU
« TROIS CASSOULETS »

Librairie des Champs-Élysées

CHAPITRE PREMIER

Mᵉ Valfroicourt, occupé à se polir les ongles (il était d'une élégance de vieille coquette, chuchotaient ses ennemis) sursauta sur son fauteuil lorsque sa cousine par alliance, Monique Sartilly, pénétra dans le bureau, à sa manière qui était davantage celle d'un soldat entrant au corps de garde, que d'une demoiselle vivant au sein d'une des familles les plus respectées de Rodez.

Le notaire voulut protester contre cette intrusion.

— Ma chère Monique, je n'ai guère le loisir de...

— Et pourquoi ? Ne me dites pas que vous avez à travailler, vous ne faites jamais rien, vos clercs se chargeant de la marche de l'étude et Edmond de votre courrier.

Mᵉ Valfroicourt était assez intelligent pour avoir clairement conscience de sa nullité et de sa paresse, mais il détestait que d'autres le lui fissent remarquer.

— Vraiment, ma chère, vous vous exprimez d'une façon...

— Parce que je déteste l'hypocrisie ! Nous nous connaissons parfaitement, vous et moi, n'est-ce pas ? Alors, n'essayons pas de nous duper ce serait du temps perdu. Paul, avez-vous vu le préfet ?

— Le préfet ? à quel sujet ?

— Vous m'exaspérez quand vous feignez de ne pas savoir de quoi l'on vous parle !

— Ah !... au sujet des... des dames de la rue des Pénitents-Blancs ?

Monique eut un ricanement de mépris.

— Si vous appelez ces créatures des « dames » vous devriez me traiter en princesse ! Enfin, si je comprends, vous n'avez pas bougé, pas esquissé la moindre démarche de salubrité publique que je réclame ?

— Enfin, Monique, voulez-vous me confier en vertu de quoi, je m'autoriserais à prétendre épurer les mœurs de mes concitoyens ?

— Pas à titre personnel, bien sûr ! mais vous êtes un notaire important à Rodez, votre famille est implantée depuis plus d'un siècle dans cette ville, vous êtes président de la Confrérie des « Frères et Sœurs de la Bonne Mort », président de la « Conférence Saint-Augustin », vice-président de « l'Association pour la sauvegarde des traditions rouergates », en bref, à tort ou à raison, vous êtes un des hommes dont les avis sont écoutés avec le plus d'attention et très souvent suivis. Je suis convaincue qu'il vous suffirait de rencontrer le préfet, de lui signifier ce que vous exigez au nom de la santé morale de Rodez, pour que cesse immédiatement un trafic qui est la honte de notre cité !

— Un trafic ?

— Il paraît que ce qu'il se passe dans l'appartement

que ces trois femmes occupent dans la rue des Pénitents-Blancs, est à donner le frisson !

— Comment le savez-vous ?

— Tout Rodez est au courant ! Nul n'ignore que ces créatures vivent en communauté et qu'elles sont entretenues, au vu et su de chacun, par les trois barons !

Le notaire susurra :

— Mes clients, ne l'oubliez pas...

— Sans doute sont-ils vos clients, mais plus sûrement encore ils sont la honte de notre milieu ! A leur âge s'acoquiner à des gourgandines qui, par-dessus le marché, les trompent !

— Vous avancez là des affirmations qui...

— Ah ! je vous en prie, Paul ! ce n'est pas le moment de vous moquer de moi ! Interrogez n'importe qui dans Rodez et l'on vous répondra que les barons ne sortent de leurs châteaux que pour passer le week-end avec leurs maîtresses, le reste du temps, elles sont libres et, de l'avis unanime, elles en profitent largement ! C'est pourquoi, il faut absolument que vous interveniez — quoi qu'il puisse vous en coûter — pour que ces filles, sans profession définie aux yeux de la loi, soient invitées à faire leurs paquets et à décamper. Sinon, vous risquez de porter la responsabilité de la dépravation de toute la population mâle de Rodez !

— Vous prêtez à ces dames un appétit...

— Vous les défendez, je m'y attendais et c'est naturel !

— Je ne les défends pas, mais je ne tiens pas à me couvrir de ridicule par une démarche qui sera bientôt connue de tous et fera de moi la risée de la ville. Vous ne pouvez nier que les personnes auxquelles vous faites allusion et qui sont entretenues par les barons — lesquels n'en font point mystère — se conduisent de façon très correcte.

— Oh !

— J'entends que, jusqu'ici, elles n'ont été la cause d'aucun trouble, du plus petit scandale ainsi que vous vous plaisez à l'affirmer. Sans doute les barons ne les ont-ils pas épousées...

— Il ne manquerait plus que cela !

— ... et si, d'aventure, elles trompent leurs protecteurs, la chose ne regarde qu'eux. Voyez-vous, Monique, je crains que l'aversion que vous manifestez pour ces dames ne ressortisse à la jalousie.

— Vous êtes fou ? Jalouse, moi ! et de ces créatures !

— Jalouse de ce qu'elles aient su retenir l'attention des représentants du sexe fort, tandis que vous...

— Penez garde, Paul ! Vous devenez grossier ! Si je suis restée fille, c'est tout simplement parce que je ne possédais pas de dot ! malheureusement, à notre époque, les hommes s'intéressent surtout aux héritières confortablement argentées. Vous en savez quelque chose, mon beau cousin, n'est-ce pas ?

— Ne nous égarons pas, cousine, et si je vous ai blessée, je vous prie de m'en excuser, mais je n'arrive pas à saisir la raison pour laquelle une personne de votre classe se soucie de ces femmes... Quoi qu'il en soit, j'ai déjà mis les barons au courant de vos préoccupations... Ils doivent me venir voir tout à l'heure et j'espère qu'ils auront trouvé une solution au problème qui vous tracasse... Ce sont gens d'esprit et du plus fin.

— Je le souhaite, sinon c'est moi qui irai voir le préfet !

Elle se leva, raide comme la justice, droite comme la vertu et le notaire ne put se tenir d'être impressionné.

Monique Sartilly était une grande fille, un peu sèche, du genre amazone, prétendaient ceux qui ne l'aimaient point, tandis que ceux qui ne nourrissaient pas d'aversion à son endroit, admettaient qu'elle avait de l'allure et une

certaine flamme dans le regard. Monique n'attirait pas,
mais retenait l'attention. Elle était dépourvue de charme
et c'était là son principal défaut. De plus, la hargne
perpétuelle qui l'habitait, durcissait ses traits et lui donnait un visage revêche. Monique souffrait dans son
orgueil de sa position chez les Valfroicourt, car elle avait
le goût du commandement.

Au moment où Mlle Sartilly s'apprêtait à quitter son
bureau, le notaire lui dit :

— Monique ?

Elle se retourna :

— Quoi, encore ?

— Refuserez-vous vraiment de me confier la raison
profonde de votre animosité à l'égard des dames de la
rue des Pénitents-Blancs ?

— Leur insolence !

— Seigneur ! vous auraient-elles manqué ?

— Avant-hier, chez la pâtissière du boulevard Gambetta, la grosse blonde a osé se faire servir avant moi !

— Voilà, certes, une injure impardonnable !

— N'ironisez pas, je vous prie ! Elle a agi sciemment
pour m'humilier en public !

— Peut-être est-elle au courant de la campagne que
vous menez contre elle et ses deux amies ?

— Je l'espère !

— En somme, cousine, c'est une revanche que vous
cherchez ?

— Et que j'obtiendrai, que cela vous plaise ou non,
cousin, fût-ce aux dépens de nos propres intérêts.

Demeuré seul, Mᵉ Valfroicourt resta un instant
immobile dans son fauteuil, le front sur ses poings cris-
pés, essayant de prendre une décision. Il ne doutait pas
que Monique persévérerait dans ses intentions et il ne se
voyait pas effectuant auprès du préfet une démarche qui
risquait de le faire passer pour un sot et de le brouiller

avec les barons, ses plus vieux clients. En dépit de sa belle apparence de quinquagénaire élégant, avec ce rien de solennité qu'on exige d'un notaire détenteur de secrets familiaux, malgré son visage distingué et son regard caressant, Paul Valfroicourt était un médiocre ayant eu la chance de séduire une jeune fille naïve et très riche, de quinze ans sa cadette. Ce mariage avait permis à son étude de devenir la plus importante de la région et de bien payer les clercs remplissant une tâche qu'il eût été incapable d'assumer. Il s'était même offert le luxe d'un secrétaire particulier — Edmond Payrac — qui, sans qu'on sût trop pourquoi, paraissait avoir renoncé à devenir notaire à son tour, pour demeurer auprès d'un homme dont il ne pouvait pas, cependant, ne pas juger la pauvre valeur. L'acharnement de Monique risquait de troubler le cours paisible de l'existence de Me Valfroicourt qui résolut d'aller s'ouvrir de ses soucis à sa femme. Dans le bel hôtel particulier qu'il occupait place du Bourg, Paul gagna l'appartement privé.

Hélène Valfroicourt était une blonde qui, bien qu'ayant plus de trente-cinq ans, avait gardé la silhouette d'une pensionnaire fraîche émoulue de son couvent. Sans cesse alanguie, elle semblait plongée dans une mélancolie aussi perpétuelle que distinguée. Elle appartenait à ce genre de créatures que la fortune et leur famille avaient su garder à l'abri du monde, les plongeant dans un isolement dont elles n'étaient plus capables de se dégager. Mme Valfroicourt continuait à admirer, à aimer ce mari si beau et envers qui elle nourrissait l'admiration vouée jadis à son père. Hélène était, par nature, une soumise, une adoratrice. Toutefois, ce manque de personnalité était combattu par une foi des plus vives qui lui donnait mauvaise conscience d'avoir été toujours riche. Elle se portait sans rechigner au se-

cours de ceux qu'elle estimait injustement traités par
l'existence. Ainsi, Monique Sartilly, fille d'une cousine
germaine de sa mère.

Quand elle n'était pas occupée à son courrier chari-
table, Hélène se plaisait à la tapisserie. Elle était penchée
sur son canevas, lorsque son mari entra dans le salon où
elle se tenait, près de la cheminée. Chaque fois qu'elle
voyait son époux, le visage d'Hélène s'éclairait.

— Vous, Paul, à cette heure-ci ? que se passe-t-il ?
Rien de grave, j'espère ?

Avant de répondre, le notaire se laissa tomber sur un
fauteuil, en face de sa femme.

— Je viens de me quereller avec Monique.

— Encore !

— Elle ne cesse de me harceler pour que je joue les
pères-fouettards !

— Que me racontez-vous là, mon ami ?

Valfroicourt exposa à son épouse les exigences de sa
cousine et conclut :

— Je crois être bien considéré dans Rodez et je per-
drais tout crédit si je me donnais le ridicule de partir en
guerre contre les femmes que les barons honorent de
leur amitié. Il n'est pas douteux que si je me mêlais de
leur vie privée, ils me retireraient leur clientèle et, à leur
suite, nombre de gens qui, dans ce pays, détestent les
puritains et les hypocrites. Hélène, je vous supplie de
convaincre Monique de rester tranquille. Je suis sûr
qu'elle s'ennuie avec nous. Pourquoi ne lui conseillez-
vous pas d'aller habiter dans une autre région, de climat
plus agréable ? Vous pourrez lui faire une petite rente, si
vous le voulez... et elle risquerait de dénicher un
mari ?

— Non.

Quand ses convictions touchant son devoir étaient en
jeu, Hélène savait se montrer intraitable.

— Ainsi, vous la préférez à moi ?

— Ne dites pas de sottises, Paul. Je vous aime et ne cesserai de vous aimer, mais je n'ai pas le droit d'abandonner Monique qui a toujours été pauvre. Je lui ai donné le foyer qui lui manquait puisqu'elle est restée orpheline de très bonne heure. Comment pourrais-je être heureuse en commettant une mauvaise action et ce serait une mauvaise action que de la renvoyer, fût-ce avec de l'argent, à un isolement qui la tuerait !

— Alors, vous allez lui permettre de continuer à m'importuner ?

— Il ne tient qu'à vous de la voir vous laisser tranquille en lui accordant ce qu'elle vous demande.

— Et perdre mes relations ? vous êtes folle ?

— Si les gens sont assez sots pour vous blâmer d'agir en chrétien, de combattre pour la salubrité de votre ville, tant pis pour eux ! nous sommes assez riches pour nous passer, le cas échéant, de leur clientèle.

— Je pensais que vous aviez de la sympathie pour les barons ?

— Ils me plaisent et leurs visites me procurent infiniment de plaisir. Ce n'est pas une raison pour que j'approuve les mœurs dont ils témoignent hors de chez moi. Il n'est pas douteux, Paul, que la manière de vivre de ces trois personnes devrait soulever la réprobation générale. Il est regrettable que la plupart des notables de Rodez traitent cette histoire avec beaucoup trop de légèreté. D'ailleurs, je suis sûre que, dans votre for intérieur, vous partagez mon avis et que seule la crainte de paraître ridicule en ces temps d'immoralité, vous empêche de déférer au légitime désir de Monique.

Le notaire se leva.

— Je devine qu'il est inutile d'insister, votre siège est fait. Monique vous mène par le bout du nez, comme elle a asservi ce malheureux Edmond qui exécute ses quatre volontés.

Hélène eut un petit rire discret qui surprit son mari.

— Vous trouvez ma remarque risible ?

— Ce n'est pas cela, mon ami, mais ce que vous venez de dire au sujet d'Edmond.

— Je ne saisis pas ?

— Ne vous êtes-vous jamais demandé pourquoi Edmond restait auprès de vous, dans une position sinon subalterne du moins très en dessous de ce qu'il pourrait ambitionner avec ses mérites et sa fortune ?

— Ma foi... parce qu'il se plaît à Rodez ?

— A cet âge, j'imagine qu'on se plaît partout où l'on a son amour.

— Ah ! c'est vrai... La petite Busloup... J'avoue que je ne comprends guère cet attachement... Je reconnais qu'elle a un certain nombre de millions à la disposition de son futur mari, mais en aurait-elle le double, le triple... je ne comprends pas qu'un garçon, sain de corps et d'esprit, puisse envisager de bâtir sa vie avec une fille dont le moins qu'on puisse dire est qu'elle n'est pas belle ! On raconte que l'amour est aveugle, mais à ce point-là...

— Rassurez-vous, Edmond n'épousera pas la petite Busloup.

— Tant mieux pour lui, mais comment le savez-vous ?

— Parce qu'il aime ailleurs.

— Ah ?

— Et c'est cet amour qui l'incite à rester auprès de vous.

— Je n'y suis plus du tout !

— Voyons, de qui un garçon peut-il s'éprendre dans votre entourage et qui soit libre de répondre à ses vœux ?

— Ma foi... Oh ! non ?

— Si !

— Monique ?

— Monique.

— Ça, par exemple ! Vous êtes sûre ?

— Il y a des attitudes, des empressements, des soupirs, des regards qui ne trompent pas.

— Elle a sept ou huit ans de plus que lui !

— Quelle importance ? A trente-trois ans, on n'est pas vieux !

— Elle est sans un sou !

— Il est assez riche pour deux.

— Elle n'est pas jolie !

— Elle a son genre...

Paul resta un moment silencieux avant de conclure :

— Décidément, ce garçon doit avoir une optique particulière quant à la beauté féminine.

— En tout cas, vous n'avez pas de souci à vous faire, Monique nous quittera pour la plus charmante des raisons.

— Dieu vous entende, ma chérie !

-:-

Légèrement ébaubi par cette révélation inattendue, Mᵉ Valfroicourt avait à peine regagné son bureau, que Payrac — qu'Hélène réputait l'amoureux timide et discret de Monique — vint l'avertir que les barons attendaient d'être reçus.

— Priez-les de m'accorder quelques minutes... un dossier urgent à fermer et... et revenez.

Sa mission accomplie, le jeune homme se présenta à nouveau devant son patron.

— Ils ont déclaré que vous pouviez prendre tout votre temps, car ils sont plongés dans une discussion gastrono-

mique où chacun défend une thèse particulière, ce qui
risque de les occuper un bon moment.

— Je sais, il y a plus de vingt-cinq ans qu'ils en
débattent... Edmond, j'ai un grave reproche à vous
adresser.

— A moi, maître ?

— Je n'aurais jamais cru que vous n'aviez aucune
confiance en ma discrétion.

— Oh ! comment pouvez-vous dire une chose pareille,
maître !

— Il faut que ce soit par Mme Valfroicourt que
j'apprenne votre passion ?

Edmond Payrac dut se raccrocher au dossier d'une
chaise pour ne pas tomber, tandis que son visage, après
être passé par toutes les couleurs de l'arc-en-ciel, choisis-
sait de s'arrêter définitivement à une sorte de pâleur
cadavérique du plus déprimant effet.

Après plusieurs tentatives pour déglutir, Payrac par-
vint à croasser :

— C'est... c'est Mme Valfroicourt qui... qui...

— Elle est la mieux placée pour se rendre compte,
non ?

— Evidemment, mais...

— Ecoutez, Edmond, je ne voudrais pas me mêler de
ce qui, au fond, ne me regarde pas...

Le menton de Payrac lui tomba sur la poitrine tant
l'abrutissement où le plongeait le discours du notaire,
était complet.

— Vous... vous estimez, maître, que... que ça ne
vous... vous regarde pas ?

— Pas le moins du monde, mon cher ! Elle est assez
grande pour agir de la façon qu'elle l'entend ! Je ne
voudrais pas vous décevoir, Edmond, mais vous le savez,
elle a dépassé la trentaine... ?

— C'est pour cela que je l'aime, maître ! excusez-moi

de vous le confier ainsi, tout à trac, mais il était fatal que mon secret éclatât aux yeux de tous, un jour... Elle est si douce...

— Tiens ? Je ne l'aurais pas cru...

— Elle a les fragilités menacées de l'automne... d'où ce charme qui vous touche... vous émeut... Pardonnez-moi ma franchise, maître, mais du moment où je l'ai vue, j'ai eu envie de la prendre dans mes bras, de la protéger...

— Je n'aurais jamais pensé que c'était une femme à avoir besoin de protection et, dussé-je vous blesser, mon petit, elle évoque plus, pour moi, un chêne qu'un saule pleureur ! Enfin l'amour est aveugle, c'est connu. Vous lui avez avoué votre flamme ?

— Bien sûr que non !

— Qu'est-ce que vous attendez ?

— Maître, vraiment, vous me gênez...

— Vous avez tort... En tout cas, je puis vous assurer qu'elle n'attend qu'un signe de vous pour tomber dans vos bras.

— Vous... vous en êtes... certain ?

— C'est ma femme elle-même qui me l'a affirmé !

Payrac eut l'impression que le mobilier du bureau se mettait à tourner autour de lui, à la façon d'un manège de chevaux de bois.

— Votre femme... à vous... et... et vous n'avez pas... pas protesté ?

— Si vous deviniez, mon cher Edmond, à quel point je m'en fiche !

— Ah ?

— Entre nous, je peux bien vous l'avouer, en filant avec elle, le moment venu, vous me rendriez service !

— Ah ?

— Certes, il n'est pas dans mon propos de ternir l'éclat de celle que vous aimez, mais quant à moi, elle

me fatigue... Voilà ce que je tenais à vous apprendre
pour que vous ayez toute liberté de manœuvre...
Croyez-en mon expérience : quand on est décidé, il faut
y aller franchement !

— Franchement...

— Et n'écouter que ses sentiments personnels sans se
soucier de l'opinion d'autrui !

— Vous... vous le pensez... vraiment ?

— Vraiment, mon cher Edmond, je vous l'assure et
sur ce, s'il vous plaît, allez me chercher mes barons qui
sont beaucoup moins naïfs que vous et seront, sans
doute, beaucoup plus difficile à convaincre...

Le notaire ne comprit pas pourquoi son secrétaire
essaya d'entrer successivement dans la bibliothèque et
dans le bahut Louis XIII avant de trouver la porte par
laquelle il sortit.

-:-

Chaque fois qu'il voyait les barons, Mᵉ Valfroicourt
ne manquait pas d'être impressionné. Ces trois seigneurs
demeuraient sur leurs domaines, à une distance moyenne
de trente kilomètres de Rodez et se retrouvaient le vendredi soir dans la préfecture de l'Aveyron. Ils y
menaient joyeuse vie jusqu'au lundi matin où ils rega-
gnaient leurs terres et cela depuis près d'un quart de
siècle. Ils avaient d'abord amusé l'opinion tant qu'on les
avait crus des partis disponibles, puis la scandalisèrent
quand il fut avéré qu'ils s'étaient d'un commun et triple
accord, voués au célibat, se contentant de passer les fins
de semaine en compagnie de « créatures » élues d'un
consentement général et qui vivaient en une sorte de
phalanstère, rue des Pénitents-Blancs. L'existence de ces
dames soulevait l'indignation des femmes se croyant honnêtes et charmait l'élément mâle de Rodez, les barons

ayant du goût. De plus, dans leur comportement public,
leurs toilettes, leur langage, les « dames » ne commet-
taient jamais de bévues ce qui irritait d'autant plus celles
qui, toutes ensemble, les méprisaient et les enviaient. Par
un phénomène psychologique que nul ne s'expliquait, le
trio féminin quittait Rodez au bout d'un certain nombre
d'années, sans laisser de traînarde. Il était remplacé par
un autre trio, généralement plus jeune. Le bruit courait
que les disgraciées n'avaient point à se plaindre de leur
disgrâce et que les barons, généreux et riches, faisaient
bien les choses. Ces ruptures coûtant fort cher à nos
gentilshommes, elles n'avaient guère eu lieu plus de trois
ou quatre fois en vingt-cinq ans. Afin de sauvegarder les
apparences — seule concession consentie au qu'en-dira-
t-on —, les barons possédaient chacun un pied-à-terre en
ville, le baron de Créau, rue de la Barrière, le baron de
Fourmage rue de l'Embergue et le baron d'Harna, rue
Séguy. Le lundi, à l'aurore, quelle que fût la saison, les
barons montaient dans leurs automobiles et prenaient, le
premier la route de Villecomtal, le second celle de Lais-
sac et le troisième, celle de Rignac. Des existences
simples, honnêtes, dont les désordres mêmes étaient parfaitement réglés.

Les barons entrèrent dans le bureau du notaire selon
l'ordre qu'ils avaient accoutumé. En tête, parce que le
plus âgé, le baron de Créau qui était à mi-chemin de la
soixantaine et de la septantaine, puis le baron de Fourmage de dix années le cadet du précédent suivait, enfin
le benjamin, M. d'Harna qui venait d'aborder le plus
gaillardement du monde sa cinquantième année.

M. de Créau était grand et lourd. On le devinait
amateur de nourritures épaisses et de femmes plantu-
reuses. M. de Fourmage étonnait quand on le voyait
pour la première fois, car il était aussi haut que large.
Doué d'un excellent caractère, il piquait parfois (sans

qu'on sût jamais trop pourquoi) d'épouvantables colères
qui stupéfiaient plus qu'elles n'apeuraient. Merveilleux
connaisseur en vins, M. de Fourmage était le « palais »
du trio et ses verdicts s'affirmaient sans appel. A l'égard
du sexe faible, il se montrait d'une courtoisie irréprochable et marquait une certaine faiblesse pour les créatures menues, nerveuses, possédant un œil noir et une
chevelure de jais. Quant à M. d'Harna, le plus élégant et
le plus beau des trois, il était très grand, large d'épaules,
montrait un profil impérial et n'eût guère rencontré de
cruelles s'il s'était avisé de jouer les séducteurs, mais il
témoignait d'une humeur hautaine et n'acceptait aucun
joug. Il devait à des ancêtres pirates une susceptibilité
des plus chatouilleuses quand il était question de porter
atteinte — si peu que ce fût — à sa liberté. Les rousses
(ayant le nez en trompette) exerçaient sur M. d'Harna,
une fascination à laquelle il cédait avec plaisir.

Le notaire n'avait pas la partie belle quand il recevait
ces clients hors du commun. Dans les discussions où ils
faisaient bloc, les barons avaient chacun leur rôle particulier. M. de Créau exposait le problème et leur commune opinion quant à la solution à y apporter. Son
calme le mettait à l'abri d'emportements inutiles aux
conséquences irréparables. M. de Fourmage était le
conciliateur-né. D'une grande finesse d'esprit, il amenuisait, tout en ayant l'air de lui accorder des concessions,
les forces de l'adversaire. Il appartenait à M. d'Harna
d'enlever la position ennemie en témoignant d'une indignation de bon aloi dont la spontanéité avait été soigneusement mise au point. Après cela, il fallait ou se
rendre ou rompre.

Après avoir toussé pour s'éclaircir la voix et prié ses
visiteurs de prendre place sur les sièges d'époque, dispo-
sés devant le bureau notarial, Mᵉ Valfroicourt
déclara :

— Je vous remercie, messieurs, d'avoir bien voulu répondre à mon appel. Il s'agit, vous vous en doutez, de cette délicate question dont nous avons déjà maintes fois débattu... Ces dames.

— Et une fois encore, maître, au nom de mes amis et de moi-même, — remarqua M. de Créau — j'attire votre attention sur le fait que, ne suscitant jamais de scandale public, notre vie privée ne regarde personne et que nul n'a le droit de s'en mêler.

— Sans doute, messieurs, sans doute, mais nous n'habitons pas une capitale et il est indéniable que votre manière de vivre inspire des commentaires fâcheux parmi les familles les plus respectables de notre ville, commentaires qui sont venus à l'oreille du préfet.

— Ce dont — déclara M. d'Harna qui souvent s'exprimait de façon gaillarde — maître, nous nous foutons totalement.

Le notaire avait horreur qu'on moquât les hiérarchies établies.

— N'oubliez pas, monsieur, que le préfet est le représentant légal du pouvoir !

M. de Fourmage s'enquit doucement :

— Lequel ?

— Mais... celui de la Ve République !

M. de Créau eut un petit rire aimable.

— Excusez-nous, maître, nous ne connaissons pas.

Valfroicourt était toujours désemparé par ce genre de remarque.

— Voyons, messieurs, la République... et son gouvernement légal...

M. d'Harna interrompit le tabellion.

— Oserais-je vous rappeler, maître, que pour nous, le gouvernement légal de la France est celui dont l'autorité ne peut être exercée que par le roi ?

— Messieurs, je vous en prie, je n'ai pas sollicité
votre visite pour entamer un débat de politique !

— Alors, ne nous parlez pas des usurpateurs avec une
révérence qui me scandalise comme elle indigne mes
compagnons !

M. de Fourmage qui, selon son habitude, après avoir
déclenché la bagarre, s'était retiré du combat, revint
prendre part à la controverse pour y mettre un terme.

— Quoi qu'il en soit, maître, nous sommes venus
vous apprendre que nous avions trouvé une solution au
problème qui vous préoccupe et, à travers vous, nombre
de gens respectables, sinon intelligents.

M. de Créau enchaîna sans laisser à leur hôte le temps
de répondre :

— Puisque c'est l'oisiveté de nos amies qui paraît
choquer les bien-pensants de Rodez, nous avons décidé
de leur offrir une situation qui leur donnerait pignon sur
rue et clouerait le bec des méchantes gens.

— De quelle façon ?

— En les aidant à monter un commerce.

Pas encore rassuré, le notaire s'enquit d'une voix
apeurée :

— Quel genre de... de commerce ?

— Un restaurant.

Valfroicourt fut subitement soulagé d'un grand
poids.

— Que voilà une excellente idée !

— Nous l'installerons rue Penavayre... afin que n'y
puissent venir que les vrais amateurs.

M. de Fourmage ajouta :

— Les amateurs de cassoulet. D'ailleurs, le restaurant
sera à l'enseigne des « Trois Cassoulets ».

— Pourquoi, trois ?

— Parce que chacun de nous a voulu combattre pour

l'honneur de sa dame et ne point abdiquer devant les deux autres.

— Je crains de ne pas très bien saisir ?

Comme à chaque fois qu'il s'agissait d'éclaircir des secrets culinaires, M. de Fourmage se sentait à son affaire.

— Nos amies, maître, sont d'excellentes cuisinières, mais elles atteignent au génie toutes les fois qu'il leur prend fantaisie de préparer un cassoulet. Seulement, Mlle Châteauneuf qui m'honore de ses bontés, se ferait tuer pour établir la suprématie du cassoulet de Carcassonne, ville dont elle est originaire et qui se marque le plus souvent par la présence du gigot de mouton sur son lit de haricots blancs en compagnie des viandes de porc habituelles auxquelles les raffinés ne craignent pas à l'automne d'ajouter une perdrix.

M. d'Harna protesta :

— Je ne comprends point — si l'on n'est pas de mauvaise foi — qu'on puisse mettre en doute la prééminence du cassoulet de Toulouse que Mlle Vallica — qui veut bien m'accorder son attention — réussit à la perfection. Qu'est-il besoin de gigot et de perdrix ? Mettez donc les viandes de porc classiques, mais ajoutez-y du lard de poitrine, de la saucisse de Toulouse, du collet, de la poitrine de mouton et ennoblissez le tout avec un peu de confit d'oie ou de canard !

M. de Créau ne pouvait laisser se clore ainsi la discussion.

— Je vous trouve bien fats l'un et l'autre, messieurs avec vos certitudes ! s'il ne tenait qu'à moi, je ne vous répondrais même pas, mais vos propos sont tout simplement un outrage au savoir de Mlle Montenay — mon inspiratrice des fins de semaine, maître — qui ne tolérerait pas qu'on portât atteinte à la tradition dont son Castelnaudary natal est le dépositaire. Foin de vos gigots, de vos confits ! de la simplicité avant toute chose, ainsi que le recommandait le poète ! Contentez-vous donc, ô barbares, de la longe, du jarret de porc, du saucisson, du jambon, des couennes fraîches et laissez faire aux dieux de la cuisine !

Le notaire qui ne savait comment mettre un terme à une discussion éternellement renouvelée où nul n'entendait céder d'un pas, s'exclama :

— Messieurs, je rends grâce à vos connaissances culinaires, mais je gage que plus encore que vos convictions personnelles, ce sont les sentiments que vous portez à ces dames qui vous poussent à vous disputer aussi âprement ?

M. de Fourmage répondit pour tous :

— Sans aucun doute.

— Dans ce cas, maintenant que vous avez atteint — excusez-moi de vous le faire cruellement et grossièrement remarquer — l'âge de raison, pourquoi n'épouseriez-vous pas ces personnes de la compagnie desquelles vous paraissez ne pouvoir vous passer et qui vous enjolivent si gentiment l'existence ? Ce serait autrement mieux, permettez-moi de vous le dire, que de donner dans la cuisine publique, ne le croyez-vous pas ?

Les barons échangèrent des regards prouvant qu'il fallait répondre à ces questions, souvent posées par d'autres, ou qu'ils se posaient eux-mêmes. M. de Créau ayant saisi une pincée de tabac à priser dans une tabatière de corne et d'or et se l'étant fourrée dans les narines, déclara :

— Nous vous remercions, maître, de l'intérêt que vous nous portez, mais il ne faut pas mêler ce qui ne saurait l'être. Ces dames sont, pour nos automnes, la présence du printemps. Encore jeunes et gaies, elles nous manifestent une tendresse qui nous touche et sans laquelle l'existence nous deviendrait morose. Mais d'ici à en faire des baronnes, il y a une marge que nous avons résolu, quelles que puissent être les ruses employées, de ne pas franchir. Pourquoi épouserions-nous Mireille, Suzanne et Germaine alors que nous n'avons pas cru bon de nous unir à Margot, Paule et Hélène qui les précédèrent ? ou à Sophie, Clémentine et Ida qui furent les compagnes de notre maturité ? voire aux pionnières : Charlotte, Eugénie et Michèle ? Il y aurait là — si nous vous écoutions, cher ami — une grande injustice et une ingratitude inacceptable. Si nous ne nous sommes jamais mariés avec des filles de bonne maison, ce n'est pas pour convoler avec des demoiselles de vertu discutable, sans compter que celles-ci se révéleraient à l'usage, vraisemblablement aussi fatigantes que celles-là. Nous préférons voir s'éteindre nos lignées plutôt que de les abâtardir.

-:-

Le notaire avait accoutumé d'aller prendre chaque jour son apéritif à l'hôtel Broussy sur la place d'Armes où il rencontrait d'autres notables, pour se plaindre en commun du fisc, de la politique et blâmer les mœurs d'un temps qui ne valait pas celui de leur jeunesse.

Regagnant sa belle demeure, Valfroicourt s'amusait à l'idée de la tête de Monique et d'Hélène apprenant la nouvelle qu'il leur apportait toute chaude et qu'il n'avait pas voulu déflorer au cours des conversations tenues avec ses relations de café.

Songeant à la vie que menaient les barons et en la comparant à celle qu'il traînait auprès de sa mélancolique épouse, Valfroicourt ne put étouffer un soupir de regret. En tout cas, Monique allait, désormais, le laisser tranquille puisque, devenues commerçantes, les dames ressembleraient aux autres sur les mœurs desquelles nul ne se serait permis de porter un jugement.

Au salon, Edmond Payrac, les bras écartés, tenait un écheveau de laine que Mlle Sartilly pelotonnait. A la vue du jeune homme, Paul hocha tristement la tête en pensant que son secrétaire était une victime-née. Mais, Bon Dieu ! qu'est-ce qu'il lui trouvait à cette grande bique de Monique ? Hélène annonça :

— Nous passerons à table quand vous le voudrez, Paul. Je me suis permis d'inviter Edmond à partager notre repas.

— Vous avez eu raison, ma chérie, mais avant de quitter le salon, je tiens à vous donner la primeur d'une information qui, je l'espère, vous plaira.

Tous les visages se tournèrent vers lui. Il prit son temps pour ménager ses effets.

— Les barons sont venus me voir et m'ont apporté la solution idéale pour mettre un terme au problème qui en préoccupait plus d'un, à commencer par vous Hélène et vous plus encore, Monique.

Hargneuse, déjà prête au combat, Mlle Sartilly lança :

— Elles s'en vont, enfin ?

— Non, ma cousine, elles ne s'en vont pas, mais elles vont ouvrir un commerce, ce qui leur donnera cette position sociale régulière qui leur manquait jusqu'ici.

— Et quelle sorte de commerce, je vous prie ?

— Un restaurant, pittoresquement intitulé : Au « Trois Cassoulets ». Je pense qu'ainsi vos craintes seront apaisées ?

— Ah ! vous, alors ! Non seulement vous n'êtes pas parvenu à convaincre les barons à se séparer de ces créatures, mais encore vous les avez approuvés de se transformer en gargotiers ! Ma parole, vous perdez l'esprit, Paul ! à moins que ce ne soit, de votre part, un plan soigneusement mûri pour que Rodez garde ses fleurs vénéneuses ?

Hélène essaya d'intervenir en faveur de son époux.

— Monique, ne crois-tu pas que tu exagères ?

— Oh ! Hélène, tu es aussi innocente que si tu venais de sortir de ton couvent ! Permets-moi de te dire que tu ne connais rien aux hommes bien que tu sois mariée depuis pas mal de temps, déjà !

Valfroicourt remarqua, ironique :

— Tandis que vous qui n'êtes pas mariée, vous vous y connaissez ?

— Il n'est nul besoin d'être marié pour être au courant de toutes les turpitudes dont vous êtes capables, vous, les représentants du sexe fort !

A son tour, Payrac tenta d'apaiser le débat.

— Je vous assure, mademoiselle, que...

— Vous, vous me donnerez votre avis lorsque je vous le demanderai ! Paul, où doit s'ouvrir ce restaurant ?

— Rue Penavayre.

— Dans ce cas, j'assisterai à l'inauguration et je vous promets que si je m'aperçois de la moindre des choses contraire à la morale, je déclencherai un de ces scandales dont Rodez gardera la mémoire et dont les autorités seront alors obligées de tenir compte !

— Ce n'est pas moi qui vous y accompagnerai !

— Je ne pense pas vous en avoir prié, Paul, connaissant votre courage. Edmond sera mon chevalier servant.

Payrac ne parut pas particulièrement enchanté du rôle qu'on lui attribuait sans le consulter. Il voulut protester :

— Mais, mademoiselle...

— C'est une chose entendue, Payrac, n'y revenons plus ! Nous passons à table, Hélène ?

-:-

En ce matin d'avril, les dames qui étaient le cauche-

mar de Monique Sartilly, se réveillaient. La plus vive, la
rousse Germaine, enfila sa robe de chambre et s'en fut
toquer à la porte de la brune Mireille en lui annonçant
qu'il était grand temps de se lever, puis pénétra d'un pas
résolu dans la chambre de la blonde Suzanne qu'elle dut
secouer durement pour obtenir qu'elle consentît à ouvrir
un œil en gémissant :

— Quoi ? qu'est-ce qu'il y a ?

— Il y a qu'il est sept heures, flemmarde !

L'indignation fit se dresser Suzanne sur son séant.

— Tu oses me réveiller à une heure pareille ? mais tu
es devenue folle ?

L'émotion faisait trembler les lourds appas débordant
de sa chemise de nuit rose à fanfreluches. Froidement,
après l'avoir examinée d'un œil critique, Germaine
remarqua :

— Ma grosse, si tu continues à bouffer et à dormir,
tu ne pourras bientôt plus te traîner et le baron Charles
ne voudra plus de toi.

Une inquiétude dans ses beaux yeux vides, Suzanne
gémit :

— Et pourquoi ne voudrait-il plus de moi ?

— Parce que tu deviendras plus difficile à remuer que
les pyramides d'Egypte et que chaque fois que tu le
prendras dans tes bras, il risquera l'étouffement !

En dépit de sa graisse abondante, Suzanne n'avait rien
perdu de sa force et quand la colère la prenait, elle
devenait redoutable. Elle se leva et empoignant Germaine par les hanches, elle la souleva de terre en se
jouant.

— Ecoute-moi, mon lapin, si jamais le baron me laisse
tomber, en cadeau d'adieu, j'irai l'asseoir sur le clocher
de la cathédrale !

A huit heures, leur toilette achevée, les trois amies se
retrouvèrent dans la petite salle à manger de leur

appartement de la rue des Pénitents-Blancs. Suzanne se chargeait de la cuisine, Mireille du ménage et Germaine des relations extérieures : elle faisait toutes les courses. Tout en prenant leur café, elles s'entretenaient de l'événement venu donner un cours nouveau à leurs existences hasardeuses. Désormais, pour peu qu'elles aient de la chance, leur avenir était assuré. Pleines de zèle, elles entendaient donner à leur restaurant ce lustre discret dû à une propagande chuchotée de bouche à oreille et qui permettait de majorer les prix en donnant l'impression à ceux qui réglaient leurs notes qu'ils étaient des privilégiés. Des trois, Suzanne s'affirmait la meilleure cuisinière, Mireille la meilleure organisatrice tandis que Germaine — de loin, la plus intelligente, — se chargerait de la publicité.

A neuf heures, les trois femmes pénétrèrent dans le chantier qui devait devenir un des restaurants les plus réputés de Rodez. Les trois barons s'y trouvaient déjà, fort affairés. Ils s'étaient accordé des vacances pour mettre la main à la pâte et parce qu'ils se méfiaient un peu du goût de leurs compagnes. M. d'Harna, en bras de chemise, sciait, rabotait, clouait, tandis que M. de Fourmage, ayant également ôté sa veste, s'occupait plus particulièrement de l'installation électrique, étonnant les professionnels qu'il aidait, par sa compétence. Quant à M. de Créau, assis sur un tabouret, il se contentait de donner des conseils. La présence des ouvriers de presque tous les corps du bâtiment empêchèrent ces dames de se livrer à des effusions sentimentales. Elles saluèrent les barons qui leur baisèrent la main au grand ébahissement des menuisiers, électriciens, plâtriers et autres gens du commun que de pareilles manières déconcertaient.

A leur tour, Suzanne, Mireille et Germaine enfilèrent des blouses et se mirent à l'ouvrage. Tout ce petit monde caquetant, plaisantant, riant, chantant menait hardiment sa besogne dans un climat d'allégresse qui eût fait attraper une jaunisse à Mlle Sartilly s'il lui avait été donné d'en être le témoin.

-:-

Bien entendu, dans tout Rodez, il n'était question que de l'ouverture prochaine du restaurant patronné par les barons qui y avaient installé leurs amies. Dans tous les salons, dans tous les cafés, dans toutes les antichambres, on ne parlait que de ça. Chaque maîtresse de maison voulait être mieux informée que ses rivales et c'est pourquoi l'on pouvait voir les dames de la meilleure société ruthénoise, se risquer — mine de rien — aux alentours de la rue Penavayre dans l'espoir d'attraper un détail que les autres ignoreraient.

Comme il est de règle, l'opinion publique s'était tout de suite divisée en deux clans : ceux qui approuvaient et ceux qui blâmaient. Parmi les premiers, selon un curieux clivage politique les hommes de gauche proclamaient que ces femmes méritaient l'estime du moment qu'elles demandaient au travail de leur fournir cette respectabilité qui leur manquait, tandis que les gens de l'extrême droite admiraient la désinvolture des barons battant leurs adversaires sur leur propre terrain : le commerce. Constituant la masse de manœuvre du second, les électeurs du centre critiquaient hautement une initiative qui pouvait faire rire de leurs propres entreprises et souhaitaient aux trois « gargotières » un échec retentissant. Leur troupe était grossie de la majorité des femmes mariées, irritées de ce que leurs vertus reconnues dussent souvent se contenter d'existences médiocres alors que des gourgandines étaient traitées et surtout aimées comme des princesses de légende !

Rodez qui, d'ordinaire, en cette saison, sortait lente-

ment de sa torpeur hivernale, connut une agitation prin-
tanière qui surprit les plus vieux Ruthénois. Mᵉ Valfroicourt se montrait un des plus chauds partisans de l'aventure et il avait l'appui du secrétaire général de la préfecture, du maire, du trésorier-payeur général, du comman-
dant de gendarmerie, en bref des principales personnalités. Seul, le premier président du tribunal se permettait
de blâmer publiquement la conduite des barons. On
attachait peu d'importance à ses propos sachant qu'il
était un aigri ayant, dans un moment d'aberration,
épousé une laideronne sans argent et de caractère acariâtre. En bref, un passionnant sujet de conversation
agitait la ville et chacun se demandait, avec une pointe
d'inquiétude, s'il serait de l'heureux petit nombre d'invi-
tés à la pendaison de crémaillère.

Même la raison sociale du futur restaurant soulevait
les controverses. Nul n'ignorait, par exemple, que
Mᵉ Saint-Bressou, le bâtonnier, serait mort plutôt que
d'admettre qu'on pouvait heureusement comparer le cassoulet de Toulouse à celui de Castelnaudary, que le
pharmacien Vellescot ne supportait pas qu'on mît en
doute l'indiscutable supériorité du cassoulet de Carcassonne alors que le docteur Azelat enseignait à qui voulait l'entendre qu'il fallait être un barbare pour ne pas
s'incliner devant la prééminence du cassoulet de Castelnaudary dont la simplicité même faisait la grandeur.
Chacun de ces chefs de « bataille » ralliait à sa bannière
nombre de gens ayant autorité dans Rodez et dans des
domaines différents. Ainsi s'entretenait un remue-
ménage dont, dans l'ensemble, on se félicitait. Des
familles se scindèrent en clans ennemis, des amis se
brouillèrent, on raconta même que des gifles avaient été
échangées dans un cercle fermé, pour la plus grande
gloire du cassoulet en général.

Mᵉ Valfroicourt, malgré sa longanimité naturelle, se

laissait glisser sur la pente de la violence et quoique ne
nourrissant pas d'idées particulières sur la cuisine, il
venait de défendre âprement, à l'hôtel Brossy, le cassoulet de Carcassonne contre celui de Toulouse, unique-
ment parce que Bedeille, le vétérinaire, était d'origine
toulousaine. On en était arrivé aux propos les plus vifs si
bien que le notaire bouillonnait encore de colère
lorsque, remontant la rue Louis-Blanc, pour rentrer chez
lui, il aperçut Edmond Payrac en compagnie de Désirée
Busloup, la fille des drapiers. Du coup, Paul ne songea
plus aux cassoulets tant il était intrigué par le comportement de son secrétaire. L'attitude de la jeune fille cram-
ponnée à son bras disait assez leur degré d'intimité. Sans
doute se dirigeaient-ils vers la ceinture de boulevards
dominant l'Aveyron, — le lieu de rendez-vous des amoureux ? Désirée Busloup était beaucoup plus laide que
Monique et son énorme dot ne suffisait pas, aux yeux
d'un homme normal, à faire oublier une disgrâce
physique rédhibitoire. Mᵉ Valfroicourt ne comprenait
pas Payrac, assez fortuné, pour ne pas se transformer en
coureur de dot. Le notaire finit par se convaincre
qu'Edmond était un genre de sadique qui aimait la laideur féminine.

-:-

Ils marchaient d'un pas égal sous les arbres du boulevard Flaugergues. Désirée disait :

— J'entends répéter de tous côtés que vous sortez
beaucoup avec Mlle Sartilly ?

— Par obligation.

— J'en suis persuadée, Edmond, car si elle n'est guère
plus jolie que moi, elle est, par contre, nettement plus
âgée et pauvre... Je ne vois vraiment pas pourquoi vous
me la préféreriez ?

— Il n'en est pas question.

— Et puis, c'est quand même elle qui nous a mis en relation... en vue d'un mariage... Quand nous marions-nous, Edmond ?

— Mon Dieu...

Mlle Busloup eut un petit rire triste.

— On ne saurait prétendre que vous soyez particulièrement emballé...

Comme il ne répondait pas, elle ajouta :

— Je sais que vous ne m'aimez pas, mais quoi ? Bien des gens se marient sans amour... Ma fortune nous permettra de mener une existence intéressante... Nous voyagerons et qui sait ? peut-être qu'un jour vous n'attacherez plus tellement d'importance à mon visage et finirez par m'aimer pour ce que je suis et non pour mon apparence ?

— Vous me gênez beaucoup, Désirée...

— La vérité gêne toujours... Et puis ce prénom de Désirée alors que si quelqu'un ne le fût jamais... Je souhaiterais que vous m'appeliez par un autre de mes prénoms : Madeleine, par exemple ?

— Si vous voulez.

Ils se turent un instant, puis la jeune fille reprit :

— Au fond, je ne sais pas trop pourquoi vous voulez m'épouser, Edmond ?

— Mais... mais parce que je pense que... que vous serez une excellente épouse...

— Aimez-vous donc l'argent au point de vous encombrer d'une femme comme moi ?

— Cette conversation a quelque chose de choquant.

— Je ne trouve pas... Je ne vous poserais cependant pas ces questions si je n'avais la douloureuse impression que vous pensez à une autre, même quand vous êtes en ma compagnie.

— Je vous assure...

— Je vous ai déjà fait remarquer que vous ne saviez pas mentir... Est-ce Monique ?

— Vous voulez rire ?

— Je vous jure que je n'en ai pas envie... parce que... parce que je vous aime, moi, Edmond... Vous êtes le premier qui n'ait pas reculé à l'idée de vivre à mes côtés jusqu'au bout de sa route... et rien que cela, valait tous les serments... Enfin vous êtes pour moi la planche de salut qu'à vingt-six ans, je n'espérais plus... Je... je suis prête à souffrir... à beaucoup souffrir pour vous garder...

Il y avait tant de désespoir dans la voix de sa compagne du moment, qu'Edmond en fut bouleversé. Sans trop réfléchir à ce qu'il faisait, il la serra brusquement contre lui et l'embrassa sur les lèvres. Elle se mit à pleurer. Il murmura :

— Je... je vous demande pardon...

A travers ses larmes, elle chuchota dans un sourire mouillé :

— C'est merveilleux... La première fois qu'un garçon m'embrasse... Vous comprenez ? Vous croyez que vous parviendrez à m'aimer ?

Payrac regrettait ce baiser imbécile qu'il avait donné à une femme qu'il n'aimait pas, alors qu'il aurait tant voulu le donner à celle qu'il aimait.

-:-

Pour l'inauguration du restaurant au « Trois Cassoulets », M⁰ Valfroicourt invité, dut céder sa carte à Monique, — sa femme n'assistant jamais à ces sortes de réunions — car il était contraint d'assister à la réunion semestrielle de la confrérie des « Frères et Sœurs de la

Bonne Mort » qui se tenait pas loin de chez lui, rue d'Armagnac.

En compagnie d'Edmond Payrac, Monique se rendit donc rue Penavayre et témoigna tout de suite sa mauvaise humeur en constatant que l'endroit était décoré avec le goût le plus sûr et la discrétion la plus élégante. Bien qu'elle se doutât que c'était là l'œuvre des barons, Mlle Sartilly enragea à l'idée de la gloire qu'en retireraient celles qu'elle tenait pour ses ennemies intimes et dont elle entendait absolument triompher avec éclat. Aux côtés de la demoiselles irritée, Edmond Payrac n'en menait pas large.

L'ambiance du restaurant était des plus sympathiques. Mireille, Germaine et Suzanne évoluaient gentiment parmi les tables fleuries. La carte comprenait essentiellement les trois cassoulets qui mijotaient depuis longtemps. Pour accompagner ce plat robuste, on buvait du vin de Cahors ou du vin des Corbières. En bref, tout semblait devoir se passer le mieux du monde lorsque Suzanne — envers laquelle Mlle Sartilly nourrissait une animosité particulière — s'approcha du couple qu'elle formait avec Payrac et s'enquit aimablement :

— Ça a été ?

Monique, toisant la grosse blonde, répliqua d'une voix forte :

— Ma fille, j'ai l'habitude d'entendre les domestiques me parler à la troisième personne.

Le silence s'établit aussitôt et le visage de Suzanne s'empourpra jusqu'aux cheveux. Payrac, terriblement gêné, essaya d'arrêter la marche des événements Il supplia sa compagne :

— Mademoiselle... Je vous en prie...

— Vous, fichez-moi la paix !

Il y eut des rires. On entendit quelqu'un qui, de la cuisine, demandait :

— Qu'est-ce qui se passe ?

La voix paisible de Mireille sembla emplir la salle lorsqu'elle répondit en détachant bien les mots :

— C'est cette vieille bique de Sartilly qui fait son numéro.

Du coup, les rires déferlèrent et Monique, tremblante de rage, cria plus qu'elle ne dit :

— Il n'y a donc pas un homme d'honneur ici pour prendre la défense d'une honnête femme insultée par des filles publiques !

Un oh ! de protestation courut à travers les tablées. Suzanne s'approcha de Monique.

— Vous êtes venue pour nous insulter ?

— Je me demande comment il faudrait s'y prendre et ce qu'il faudrait dire pour insulter des filles de votre espèce !

— Comme ça !

Et Suzanne appliqua une maîtresse gifle sur la joue de Monique Sartilly qui demeura un instant la bouche ouverte, les yeux exorbités, semblant incapable de recouvrer l'usage de la parole. Quand elle eut retrouvé son souffle, elle hurla :

— Vous avez osé ! Saleté ! Eh bien ! puisque c'est comme ça, je vais parler ! je dirai tout et l'on verra si vous continuerez à faire l'importante, espèce de traînée ! Ah ! vous aimez le scandale ? dans ce cas, je vous jure que vous allez être servis, vous, vos amies et quelques-uns de ceux qui sont ici, ce soir ! Venez, Edmond !

Au moment où Monique se dégageait de sa table, Suzanne l'empoigna par le bras.

— Ecoute-moi, punaise ! si tu essaies de nous causer des embêtements, je te tords le cou ! Et maintenant, fiche le camp avant que je ne me mette en colère pour de bon !

Monique Sartilly, blême, quitta l'établissement alors que quelques-uns se permettaient d'applaudir.

Dehors, Payrac tenta d'apaiser sa compagne.

— Je suis navré de ce qui s'est passé et je...

— Assez ! vous ne valez pas mieux que les autres ! et vous aussi, vous paierez l'addition ! Je n'ai pas besoin de vous pour rentrer !

— Permettez-moi de...

— Non !

-:-

Hélène Valfroicourt était au lit, en train de lire, lorsque sa cousine se précipita dans sa chambre, encore toute enflammée de sa querelle. La femme du notaire s'inquiéta :

— Monique ! que t'est-il arrivé ?

Mlle Sartilly se laissa choir dans la bergère placée au chevet de la couche de son hôtesse.

— C'est affreux... inimaginable... On m'a giflée !

— Quoi ?

— Parfaitement, giflée ! moi, ta cousine et en public encore !

— Mais voyons, qui a pu se permettre... ?

— Cette grosse garce qui est la maîtresse du baron de Créau !

— Ce n'est pas possible !

Pour convaincre sa cousine, Mlle Sartilly revécut l'heure pénible qu'elle venait de vivre, tout en se donnant le beau rôle c'est-à-dire que d'agresseur elle se transformait en agressée. Hélène ne parvenait pas à croire à la réalité de ce qu'elle entendait.

— Ma pauvre chérie... Et Edmond ne t'a pas défendue ?

— Oh ! celui-là... je préfère que tu ne m'en parles pas pour l'instant !

Hélène tenta de prendre la défense de l'amoureux transi.

— C'est un timide et...

— Je t'en prie !

— Comme tu voudras. En tout cas, désormais, Paul ne pourra plus se dérober et il devra agir pour débarrasser Rodez de ces créatures abominables.

Monique ricana.

— Ton mari n'osera jamais ! mais je saurai l'y forcer !

A cet instant le téléphone sonna dans le vestibule et Mlle Sartilly s'en fut répondre. Quand elle revint, un sourire mauvais éclairait son visage ingrat.

— C'était le baron de Créau... Il a appris ce qui a eu lieu au restaurant. Il m'a présenté ses regrets et me demande de retourner là-bas pour que sa maîtresse me fasse des excuses publiques !

— Tu vas y aller ?

— Et comment ! je tiens à ce que cette matrone mal embouchée s'humilie devant moi et en présence de tous ceux qui ont cru qu'on pouvait impunément rire de Mlle Sartilly !

— Mais il est près de onze heures !

— Et alors ?

— Dans les rues, toute seule...

— N'aie crainte, je suis de taille à me défendre !

-:-

A minuit et demi, Monique n'étant pas de retour, Hélène commença à s'inquiéter. Elle s'apprêtait à téléphoner à son mari lorsque ce dernier entra, l'air préoccupé.

— Monique est dans sa chambre ?

— Non, pourquoi ?

— Alors, vous n'êtes pas au courant ?

— Si, mais vous-même, comment avez-vous su que... ?

— Payrac est venu m'avertir... Où est-elle ?

— Elle est retournée là-bas.

— Elle est folle !

— Non pas, le baron de Créau lui a téléphoné pour lui présenter ses excuses et la prier de revenir au restaurant pour qu'on lui fasse réparation.

— Elle avait besoin de déclencher cette histoire ! elle devient impossible !

— Vous ne voudriez quand même pas qu'elle se laissât insulter sans réagir ?

— C'est elle qui a suscité l'altercation, Payrac me l'a avoué et tout le monde a pris parti contre elle.

— On s'acharne contre Monique !

— Si elle fichait la paix aux gens, personne ne se soucierait de votre cousine, mais il faut qu'elle mette sans cesse son nez dans les histoires des autres !

— Paul... si vous alliez voir ce qu'elle fait ?

— Ah ! non, ma chère, merci bien... Je présume que j'aurai assez de soucis dans les jours prochains pour tenter de calmer les barons.

— Vous ne pensez qu'à votre clientèle !

— Permettez-moi de vous dire, Hélène, qu'il serait normal que vous y pensiez parfois. Bonsoir !

Le notaire regagna sa chambre, tandis que sa femme essayait de reprendre le fil de sa lecture.

-:-

Mᵉ Valfroicourt, secoué durement, se crut en proie à un cauchemar et se dressa sur son séant en étouffant un cri d'angoisse, mais la voix d'Hélène le rassura.

— Paul...

La lumière de la lampe de chevet éclairait le visage angoissé de la jeune femme.

— Paul, il est trois heures du matin !

Incrédule, le notaire protesta :

— Vous me réveillez pour m'annoncer cette extraordinaire nouvelle ?

— Non, pour vous dire que Monique n'est pas rentrée.

— Et alors ? elle est majeure, non ?

— Paul, j'ai peur...

— Vous avez bien tort !

— Paul, je vous en prie...

— Mais enfin, que voulez-vous que je fasse ?

— Que vous alliez la chercher.

— Vous en avez de bonnes !

— Je vous accompagnerai.

— C'est gentil à vous, mais franchement...

— Je vous répète, Paul, que j'ai peur...

Vaincu, Valfroicourt soupira :

— Bon... laissez-moi m'habiller et nous partirons à la recherche de la pucelle en danger !

— Ne soyez pas méchant, Paul !

— Je ne suis pas méchant, Hélène, seulement exaspéré par votre cousine qui, non contente de me compliquer l'existence le jour, se met à me gâter mes nuits !

Moins d'une demi-heure plus tard, Me Valfroicourt et sa femme quittaient leur hôtel de la place du Bourg pour s'enfoncer dans un Rodez qui semblait une ville morte où des chats se promenaient en quête d'aventures. Naturellement, rue Penavayre, le restaurant était fermé. Pas la moindre lumière ne filtrait à travers les volets clos. Paul haussa les épaules.

— C'était à prévoir !

— Paul... où est-elle ?

— Comment voulez-vous que je le sache ?

— Si nous nous rendions au commissariat ?

— Pour leur dire quoi ?

— Que Monique a disparu.

— Vous tenez absolument à nous couvrir de ridicule ?

— S'il lui était arrivé quelque chose ?

— Mais, Seigneur ! que voulez-vous qu'il lui soit arrivé ? de toute façon, elle a des papiers sur elle, tout le monde connaît ses liens avec nous et nous serions immédiatement prévenus, voyons !

Les Valfroicourt regagnèrent leur chambre respective, l'un angoissé, l'autre de mauvaise humeur.

A cinq heures trente, un visiteur matinal obligea une domestique maussade à sortir de son lit. Un agent se tenait sur le seuil et demandait à parler au notaire. La bonne n'en crut pas ses oreilles.

— Mais... mais vous savez l'heure qu'il est ?

Débonnaire, le représentant de l'ordre répliqua :

— Ne posez pas de question idiote, mon petit, et filez réveiller votre patron !

Hélène qui n'avait pas fermé l'œil sortit sur le palier, en robe de nuit, pour demander à la femme de chambre qui était là. Lorsqu'elle sut que c'était un agent de police, elle dut s'appuyer au chambranle de sa porte pour ne pas tomber, et incontinent elle se mit à pleurer, en répétant :

— J'en étais sûre... j'en étais sûre... j'en étais sûre...

Valfroicourt, en voyant sa femme au bord de l'évanouissement, voulut l'obliger à se recoucher. Elle refusa de l'écouter. Tous deux descendirent au-devant du policier qui les salua, en disant :

— Monsieur le commissaire était bien embêté de vous faire réveiller si tôt, seulement il a pensé qu'il valait mieux que vous soyez prévenus le plus vite possible... C'est rapport à Mlle Sartilly.

La notairesse étouffa un gémissement et se fit plus lourde au bras de son mari qui s'enquit :

— Et alors ?

— Une triste nouvelle, maître... Enfin bref, pour ne rien vous cacher, elle est morte.

— Morte !

— Deux clochards qui fouillaient les poubelles ont trouvé son corps, passage des Maçons, recroquevillé dans l'angle d'une porte.

— Un accident ?

— Ben, c'est-à-dire...

— C'est-à-dire, quoi ?

— Il semblerait qu'on l'ait un peu étranglée...

CHAPITRE DEUX

A Montpellier, dans son quartier de la rue du Cannau, tout le monde éprouvait de la sympathie pour Marguerite Aubignac, tant cette Auvergnate qui allait doucement, mais d'un pas résolu, vers la cinquantaine, se montrait avenante. Les commerçants en alimentation appréciaient ses connaissances culinaires et les autres admiraient un entêtement à marchander qui leur rappelait le bon vieux temps. Les bourgeois eux-mêmes ne lui tenaient point rigueur de vivre en situation irrégulière avec le commissaire Léonce Cernil (1) son « ami » depuis plus de dix ans, et lui payaient à prix d'or les quelques heures qu'elle acceptait de passer chez eux pour préparer un dîner d'importance. Ce faux ménage que constituaient Léonce et Marguerite était plus étroitement uni que s'il avait passé par les chemins recommandés par le code et la religion. Le couple vivait d'ailleurs séparé, — elle, rue du Cannau, lui, rue Cabanel — et ne se réunissait que lorsqu'il en sentait le besoin. L'âge leur

(1) Cf : LE CLAN MOREMBERT, même éditeur.

ayant apporté le calme et la quiétude, Marguerite et
Léonce s'aimaient tendrement et attendaient, sans impatience, le moment où ils décideraient d'un commun
accord de régulariser leur situation et de renoncer tous
deux à la semi-indépendance qui leur tenait à cœur.

Léonce Cernil, appartenait au S. R. P. J. de Montpellier
où ses méthodes de « Père tranquille » — si elles faisaient sourire ses dynamiques cadets, étaient hautement
estimées de ses supérieurs. Petit homme tout rond que
son ventre commençait à gêner sérieusement, il s'affirmait opposé à l'état et aux démonstrations spectaculaires.
Il préférait le travail discret, les interrogatoires chucho-
tés, les aveux murmurés et fuyait les journalistes autant
qu'il le pouvait. Ces qualités d'une autre époque voulaient que l'on confiât au commissaire Cernil les enquêtes
les plus délicates, celles où il fallait avancer sur la pointe
des pieds pour ne point susciter des animosités dange-
reuses. Tout le monde savait qu'avec Léonce, on aurait
toujours le minimum de bruit et de dégâts.

Contrairement à nombre de ses collègues, le commissaire Cernil aimait son métier. Il appréciait ces investigations sociales et psychologiques auxquelles il devait se
livrer pour essayer de parvenir à mettre en lumière le
secret soigneusement enfoui, à l'abri de tous les regards,
ignoré de toutes les suspicions. Il ne détestait rien tant
que ces poursuites de voyous, de truands aux intellects
épais dont la violence demeurait l'arme essentielle. Ces
meurtres, suites de rixes imbéciles ou de cambriolages
interrompus, écœuraient Léonce. Par contre, il goûtait
ces jeux subtils où il fallait traquer un coupable qu'apparemment aucune particularité ne désignait à l'attention
et qui se défendait merveilleusement en ayant recours à
tous les leurres. Ses chefs qui le connaissaient bien, ne
lançaient jamais le commissaire Cernil dans des histoires
banales.

-:-

Léonce devant venir dîner avec elle, — cérémonie qui
se répétait quatre fois par semaine — Marguerite s'affairait à ses fourneaux, n'ignorant pas que la tendresse que
lui manifestait son ami se doublait d'un attachement
profond pour sa cuisine. Cernil passait pour un gourmet
de qualité, difficile à contenter. Ayant préparé des cro-
quettes aux champignons et un colin à la suissesse elle
s'affairait à une fricassée de poulet, lorsque Léonce
pénétra dans la cuisine, à une heure inhabituelle pour
lui. Tout de suite, Marguerite eut un méchant pressenti-
ment. Soupçonneuse, elle dit :

— Tu es drôlement en avance, ce soir ?

— J'avais hâte de t'embrasser.

Quoiqu'elle se doutât que ce ne fût là qu'une partie
de la vérité, elle roucoula de plaisir lorsque son « gros »
lui déposa une tendre bise sur les deux joues. L'Auvergnate se dégagea doucement et tenant, par les épaules
son vieil amoureux écarté d'elle, elle remarqua mi-rieuse,
mi-inquiète :

— Léonce, tu as le nez qui remue !

— Et alors ?

— Et alors, c'est que tu me mens un peu. Léonce,
pourquoi es-tu arrivé si tôt ?

— Parce que je pars demain matin pour Rodez.

— J'en étais sûre !

En dépit de sa stature, Mme Aubignac était une sen
sible qui s'alarmait d'une peccadille lorsqu'il était question de ceux qu'elle aimait. Elle tenait à son Léonce et la
lecture des faits divers lui enseignait que les policiers se
faisaient souvent tuer par ceux qu'ils poursuivaient. Elle
aurait souhaité que son ami prît sa retraite proportion-
nelle. Ils avaient assez travaillé tous les deux, estimait-
elle, pour ne pas courir de risques imbéciles. Mais elle

savait aussi que Léonce n'abandonnerait pas son métier avant que l'âge ne l'y ait contraint. Heureusement l'odeur montant de la sauteuse où mijotait la fricassée de poulet ne permit pas à Marguerite de donner libre cours à son chagrin, la cuisine ne faisant pas bon ménage avec les larmes.

Au cours du repas pris en tête à tête, Léonce ne s'arrêtait de complimenter son amie que pour lui expliquer vaguement ce qu'il pensait devoir l'attendre à Rodez.

— Une demoiselle de très bonne famille qui a été étranglée dans la rue... Les soupçons se portent, avec pas mal de raisons, semble-t-il, sur un vieux baron... Seulement, il faut y aller mou... parce que, tu comprends ma chérie, tout ça c'est un monde qui n'a pas l'habitude d'être tracassé par la police.

— Ça n'empêche que pendant tout le temps où tu seras là-bas, je ne vais pas vivre !

— Tu es sotte, ma grande, de te ronger les sangs, je te jure qu'il n'y a aucune raison.

— C'est toi qui le dis ! et puis je suis comme je suis ! Mais je t'avertis, Léonce, dès que je le pourrai, je ne te laisserai plus partir seul !

— Tu ne sais pas que je ne demande que ça ?

Après le dîner, avant de prendre congé de sa bien-aimée, Cernil raconta que le Divisionnaire l'avait autorisé à agir selon ses méthodes très particulières, mais qui, le plus souvent, lui réussissaient. Cela signifiait que Léonce irait par le train jusqu'à Rodez et attendrait d'avoir passé un jour ou deux incognito, dans la capitale de l'Aveyron, avant de sortir de son anonymat et de se présenter au commissaire de police de la ville. Cette quête silencieuse était à la base de la méthode Cernil. Grâce à elle, il s'intégrait à la population, écoutait, caché dans la foule, les réflexions de celui-ci et de celui-là, prenant ainsi le pouls de la population. De cette façon, le policier obtenait souvent des renseignements que ceux chargés de l'instruire ignoraient parce qu'attachés aux seuls faits contrôlés et indubitables. Cernil estimait qu'il y avait toujours quelque chose à glaner dans les ragots de quartier.

Marguerite et Léonce, l'heure venue, se séparèrent après de prodigieuses embrassades comme s'ils ne devaient se revoir jamais. On eût dit de Pénélope quittant, sur le rivage d'Ithaque, son mari partant pour Troie se mêler de ce qui ne le regardait pas.

-:-

Ayant déposé son bagage à la consigne, Léonce grimpa dans l'autobus qui l'amena au centre de la ville. Le temps était frais mais beau et, les mains dans les poches de son pardessus, la pipe aux dents, le policier partit au hasard, sans aucune idée préconçue, tâtant ici, regardant là. Une sorte d'auscultation. Vers la fin de l'après-midi, il tomba en arrêt, dans la rue Chirac, devant un très modeste hôtel dont la façade disait assez qu'il était réservé à une clientèle ne possédant pas un gros budget de voyage. En poussant la porte, le commissaire fit résonner un timbre qui attira une vieille femme, incroyablement menue. Elle devait, estima Cernil, peser dans les quarante kilos au maximum. Cette frêle créature avait le cheveu blanc et son visage était sillonné de rides. Elle semblait très âgée. Elle fixa sur le nouveau venu deux yeux noirs, fureteurs, vifs, qui indiquaient une grande vivacité d'esprit.

— Vous désirez ?

— Ce serait pour une chambre ?

Avant de répondre, elle l'examina :

— Vous n'avez pas de bagage ?

— Je l'ai laissé à la consigne de la gare.

— Et pourquoi vous voulez loger ici ?

La question désarçonna quelque peu le policier.

— Mais parce que votre hôtel m'a paru sympathique.

Elle en marqua de l'étonnement.

— Ah ?... Enfin, chacun ses idées, pas vrai ? Mais il y a tant d'autres hôtels plus confortables dans Rodez...

Puis, comme frappée d'une idée, elle ajouta dans un murmure :

— Peut-être que vous n'avez pas les moyens ?

— En effet... Je ne peux pas me permettre de grosses dépenses...

— Représentant, hein ?

— C'est ça, oui, représentant.

— Vous voyagez pour une petite maison, sans doute ?

— Une toute petite.

— Bon, eh bien ! on s'arrangera, surtout que vous avez l'air d'un brave homme.

— Je crois en être un.

— Montez l'escalier et choisissez la chambre qui vous plaira... Vous serez le seul locataire... Je monte pas, parce que mes jambes, il faut que je les ménage... J'ai quatre-vingt-un ans, vous savez...

Cernil, enchanté par cette réception originale, soupçonna son hôtesse de devoir être une mine de renseignements. Il se décida pour une chambre proprette, sans le moindre confort bien sûr, mais fleurant bon la lavande. Quand il redescendit pour annoncer son choix et avertir la patronne qu'il allait à la gare chercher sa valise, celle-ci s'enquit :

— Vous mangerez avec moi ? Je cuisine pas plus mal qu'une autre et ça vous coûtera moins cher.

Le policier accepta avec reconnaissance.

Ce même soir, pendant qu'ils dînaient d'un repas très
simple, mais de la plus grande honnêteté quant aux
matières premières, Olympe Rosaleda raconta sa vie à
son vis-à-vis. Elle habitait Rodez depuis plus de cin-
quante ans, s'y était mariée et devenue veuve, avec une
petite rente, elle vivotait dans cet hôtel où il ne descen-
dait presque jamais personne, sinon le samedi, le
dimanche et les jours de marché. Cela lui permettait
d'arrondir ses revenus, d'être logée et chauffée. Originaire de l'Ariège, elle s'estimait exilée dans le Nord. Elle
n'était pas retournée au pays après la disparition de son
mari, employé municipal, car elle n'y connaissait plus
personne. Léonce attendit d'en être au fromage, pour
demander sans avoir l'air d'attacher la moindre importance à sa question :

— Maintenant, je me rappelle ce que j'ai lu dans le
Midi-Libre de la semaine dernière... N'est-ce pas à
Rodez qu'on a étranglé cette demoiselle de...

— Mlle Sartilly ? Je pense bien ! ça fait assez jaser !
Le crime a eu lieu pas loin d'ici, passage des Maçons...
Je me demande ce qu'elle allait ficher dans ce coin, en
pleine nuit ? Les gens vont au-devant de leur mort, c'est
pas possible autrement !

— Vous la connaissiez ?

— De vue, seulement. Une grande pimbêche qui se
prenait pas pour rien. Moche comme pas deux, elle en
installait, je vous prie de le croire ! et pourtant, hein,
entre nous, c'était pas autre chose qu'une sans-le-sou
vivant au crochet de sa cousine Valfroicourt, la femme
du notaire de la place du Bourg.

— La police ne sait toujours pas les motifs de ce
meurtre ?

— La police ? Ah ! là ! là ! ces bougres, pour les faire
bouger... Ils attendent qu'on leur donne un coup de
main, oui !

— Qui ?

— Je sais pas trop, peut-être des policiers de Paris ?

— Et pourquoi, ça ?

— Parce qu'eux, ils veulent pas se mouiller, vous comprenez ? La Sartilly, les Valfroicourt, c'est tous des gens de la haute, alors, prudence, hein ?

Ne souhaitant pas éveiller l'attention d'Olympe en poussant trop loin sa curiosité, Cernil admit qu'en effet, la prudence convenait à tous ceux qui entendaient vivre sans trop de tracas.

Après une excellente nuit, le commissaire Cernil s'en fut de nouveau flâner à travers Rodez, le nez au vent. C'était jour de marché et il circula entre les éventaires, l'oreille aux aguets. Il finit par échouer dans un bistrot où paysans et acheteurs trinquaient aux affaires conclues à la satisfaction des deux partis. Léonce s'étonnait qu'on parlât si peu du crime et il dut se rendre à l'évidence : ce meurtre, commis dans un certain milieu, n'intéressait peut-être pas les gens appartenant à d'autres couches sociales. Il était sur le point de quitter sa place lorsqu'il vit un boucher taper sur l'épaule d'un bonhomme dont le visage s'ornait d'une énorme moustache gauloise :

— Alors, Ferdinand, paraîtrait que c'est ton baron qu'aurait estourbi la demoiselle Sartilly ?

Léonce s'immobilisa. L'interpellé haussa les épaules.

— Je vais te dire une bonne chose, Bedeille, tout ce qu'on peut raconter, c'est du vent. Notre baron, c'est un brave homme et quand on a été un brave homme toute sa vie, on se met pas à tuer les gens sans raison.

— Sans raison, sans raison, faudrait voir ! On raconte que cette mijaurée de Sartilly, elle aurait insulté la bonne amie de ton baron !

— Et alors ?

— Y en a qu'aiment pas qu'on insulte leurs femmes !

— D'accord, mais d'ici à devenir un assassin, hein ?

— A moins que ça soit la Suzanne qu'ait fait le coup ? Elle est assez costaude pour ça, non ?

— Je la connais quasiment pas. Elle vient jamais chez nous.

Pour n'être sans doute pas taxé de parti pris, le boucher ajouta :

— De l'avis de ceux qui la fréquentent, c'est une bonne fille et elle doit être la première embêtée... Ça fait du tort au restaurant qu'elle a monté avec ses copines.

— En tout cas, c'est pas des histoires pour nous autres et puis, la police, elle finira bien par savoir le fin mot de l'affaire.

Le boucher hocha la tête.

— La police, elle doit pas être tellement pressée d'asticoter ces beaux messieurs et leurs dames.

Cernil éprouva quelque amertume à constater, une fois de plus, que le populaire nourrissait des doutes quant à l'impartialité du corps de fonctionnaires auquel il était fier d'appartenir. Cela ne fit que fortifier davantage sa résolution d'élucider le mystère de la mort de Mlle Sartilly quelles qu'en dussent être les conséquences.

A midi, le policier rentra déjeuner chez Olympe et lui rapportant la conversation entendue au bistrot, il la pria de l'éclairer sur ce que ces réflexions signifiaient. Mme Rosaleda, heureuse de bavarder, d'échapper à sa solitude quotidienne, se laissa facilement convaincre.

Léonce Cernil fut donc mis au courant de l'originalité des barons, de leur commune et triple amitié, de leurs amours irrégulières en même temps que bourgeoises. On lui confia ce que l'on pensait exactement de la gentille nullité de Mᵉ Valfroicourt dont les clercs assuraient la réputation de l'étude. On lui parla de la dolente Mme Valfroicourt égarée entre sa tendresse pour son

mari et son inclination pour l'existence conventuelle.
Enfin, on mit un terme à cet exposé psychosociologique
en présentant, de façon romanesque, l'énigme que constituait le comportement du jeune Edmond Payrac dont
les parents avaient amassé une jolie fortune dans la
fabrication de matelas à Espalion. On savait qu'il avait
remporté de très honorables succès dans ses études et
l'on s'interrogeait sur les raisons qui le poussaient à
rester au service d'un homme qui, sur le plan professionnel, ne le valait pas. Avant qu'elle ne disparût de tragique façon, on voyait beaucoup Payrac avec Mlle Sartilly auprès de laquelle il semblait tenir le rôle de chevalier servant. On aurait pu penser à une idylle assez
déroutante s'il n'avait été connu de tous que la très riche
Désirée Busloup, héritière unique d'une très importante
usine de draperie, avait, en dépit de son visage ingrat,
jeté son dévolu sur Payrac qui semblait voué aux
femmes laides. Des gens affirmaient avoir vu Edmond et
Désirée s'embrasser passionnément sur les boulevards
extérieurs où les amoureux croient s'isoler.

Alors qu'il s'apprêtait à se glisser dans ses draps, le
commissaire — dressant le bilan des racontars enten-
dus — devait convenir que la tâche l'attendant n'apparaissait pas des plus faciles. Cette constatation ne
l'empêcha nullement de dormir ses huit heures d'affi-
lée.

-:-

Sous prétexte d'aller visiter sa pratique, Léonce sortit
de bon matin et s'en alla prendre son café dans un
bistrot proche de la place du Bourg. Il était un des
premiers clients de l'établissement pour la journée qui
commençait. Le patron, aidé de sa femme, préparait
tartines et croissants en vue de l'offensive des petits

fonctionnaires et employés du quartier qui viendraient
déjeuner avant de se rendre à leur travail. Appuyé au
comptoir, le policier cherchait un moyen d'engager la
conversation. Il lui fut fourni par le propriétaire du lieu
qui lui demanda :

— A votre accent, je vois que vous êtes pas d'ici,
hein ?

— J'arrive du Midi.

La femme suspendit son essuyage pour soupirer :

— Ah ! le Midi...

Son mari renifla hargneusement et Cernil devina que
celui-là devait être ruthénois et très attaché à sa petite
patrie. Il tenta le coup.

— Vous savez, madame, on se fait beaucoup d'illusions sur le Midi... Ce n'est pas un éternel printemps...

L'homme, derrière son comptoir, eut un sourire triom-
phant.

— T'entends monsieur, Flora ? Puisqu'il en vient, il
sait de quoi il cause !

L'épouse reprit son travail sans répondre tandis que
son conjoint expliquait à son client :

— A les en croire toutes tant qu'elles sont, il suffirait
de descendre dans le Midi pour pouvoir vivre sans rien
faire et se balader en caleçon de bain d'un bout de
l'année à l'autre !

Le commissaire se garda bien de réclamer des précisions sur l'identité de ces « toutes » et préféra continuer
sa cour.

— Moi, je trouve votre région très jolie... Je voyage
beaucoup pour mon métier et je connais peu de villes
qui soient aussi agréables que Rodez... Ça fait cossu, et
en même temps, les petites gens comme moi, ont le
sentiment d'être chez eux... Voyez-vous, j'ai beau être du
Midi, ça ne me déplairait pas d'habiter ici...

L'interlocuteur de Léonce paraissait boire du petit-lait
et le policier en profita pour placer sa botte.

— ... surtout si j'avais la chance de trouver à me loger
dans ce quartier pittoresque et tranquille où tout le
monde a l'air si brave.

Le bistroquet, dans un sourire ravi, confirma l'hypo-
crite impression de cet étranger si sympathique.

— Vous pouvez le dire, monsieur ! On semble un peu
dur, comme ça, du premier coup d'œil, mais vous avez
trouvé le mot qui convient, y a pas plus braves que nous
autres !

Et clignant de l'œil du côté de celle qui avait la
nostalgie du Midi, il ajouta :

— On pourrait pas affirmer la même chose de ceux et
de celles qui s'amènent chez nous de pays perdus,
comme la Lozère par exemple et qui se permettent de
faire la fine bouche !

Se sentant nettement visée par cette attaque sournoise,
la patronne posa son torchon sur le comptoir et répliqua
à son mari :

— On montre peut-être pas toujours bonne figure aux
étrangers, par chez nous, seulement, on n'y étrangle pas
les gens !

Léonce avait gagné. Embarrassé, le maître de maison
essaya d'imposer silence à sa compagne.

— Tais-toi donc, Flora ! ces histoires-là n'intéressent
pas monsieur !

— Et d'entendre raconter que les Lozériennes n'ont
pas bon caractère, ça le passionne peut-être ?

Visiblement, le patron souhaitait rompre le combat
que le commissaire relança :

— Ce n'est pas très loin d'ici que le crime a été
commis, je crois ? enfin, c'est ce qu'il me semble, d'après
les journaux ?

— Oh ! moi, je m'occupe pas de ces histoires-là...

Heureuse de tenir sa revanche, la femme s'approcha du policier.

— A deux cents mètres de chez nous, monsieur... Une demoiselle tout ce qu'il y a de bien... On l'a étranglée !

— Pour la voler ?

— Pensez donc ! Par vengeance !

Le tenancier du café protesta :

— Ecoutez-la ! non, mais, écoutez-la ! Qu'est-ce que t'en sais, d'abord, Flora ?

— J'en sais que la grosse Suzanne, elle y a d'abord flanqué une beigne devant tout le monde et, ensuite, qu'elle a juré qu'elle ferait son affaire si elle continuait à lui casser les pieds ! et deux heures après, cette pauvre demoiselle, elle était étranglée ! Je pense qu'il y a pas besoin qu'on vous fasse un dessin, hein, monsieur ?

Le mari se fâcha pour de bon.

— Continue comme ça et la beigne c'est toi qui vas la recevoir, ce coup-ci !

Bien partie, Flora n'entendit pas céder le terrain conquis.

— Naturellement ! du moment que les trois garces des barons viennent te faire les yeux doux et remuer leurs fesses à ton comptoir, tu les prends pour des anges ! Ah ! nom de là ! y a décidément que les hommes pour être aussi bêtes !

— Tu devrais être la dernière à t'en plaindre ! Si t'avais pas trouvé un couillon comme moi, tu serais encore à garder les vaches !

— Et je serais sûrement plus heureuse !

Fut-ce le rappel de sa jeunesse campagnarde ? cette allusion à ses travaux champêtres ? toujours est-il que Flora fondit en larmes et que son mari, bouleversé, la

prit dans ses bras pour la calmer. Léonce en profita,
après avoir déposé son argent sur le comptoir, pour filer
sur la pointe des pieds.

Le policier gagna le passage des Maçons, où il n'eut
aucun mal à repérer l'endroit où avait été découvert le
cadavre dont l'emplacement était encore signalé par la
craie avec laquelle les policiers avaient dessiné la silhouette du corps. Il sautait aux yeux que la victime
n'avait pu venir en cet endroit que pour répondre à un
rendez-vous qui s'était transformé en guet-apens.
L'assassin devait s'être dissimulé là même où il avait
traîné la dépouille de la malheureuse. Un crime avec
préméditation qui mènerait son auteur au bagne jusqu'à
la fin de ses jours.

-:-

Au moment où il se mettait à table avec elle et lui
annonçait son départ pour le lendemain, Olympe Rosaleda lui répliqua qu'elle avait dû pressentir la chose
puisqu'elle avait préparé une tarte aux abricots qu'elle
n'acceptait de confectionner que pour ses amis. Touché,
Léonce s'en fut acheter deux bouteilles de vin mousseux
pour corser le dessert.

Très vite, Cernil (n'ayant plus de précaution à
prendre) amena la conversation sur le meurtre de
Mlle Sartilly et confia à son hôtesse qu'il se sentait
dévoré de curiosité à l'égard de ces trois dames qui
semblaient être tenues pour responsables de toute
l'affaire. Avant de répondre, Mme Rosaleda vida son
verre et s'essuya les lèvres.

— Faites attention à ce que je vous dis, monsieur
Cernil. Suzanne, Germaine et Mireille sont des femmes
comme les autres et je pense qu'elles valent mieux que la
plupart de nos bourgeoises. Elles sont pas mariées ? et

alors ? vous pensez que c'est de leur faute ? Vous croyez
pas qu'elles préféreraient devenir baronnes et assurer
leurs vieux jours ? La vérité, c'est qu'on leur en veut de
pas vivre comme tout le monde ! et cette laissée pour
compte de Sartilly, elle était la pire de toutes pour raconter de sales histoires sur mes amies ! car ce sont mes
amies, monsieur Cernil, et j'en ai pas honte !

— C'est donc tout à votre honneur, madame Rosaleda, de les défendre. Cependant, j'ai entendu raconter
un peu partout que ce serait celle qui se nomme Suzanne
qui aurait été la meurtrière... Il paraît qu'elle est très
forte physiquement et qu'elle avait déjà frappé Mlle Sartilly ?

— Minute ! Elle l'avait pas frappée, elle l'avait giflée !
Nuance ! et si elle l'avait giflée c'est que l'autre pimbêche s'était conduite de façon révoltante à son égard !
Non, écoutez-moi, monsieur Cernil, Suzanne c'est une
bonne grosse, très affectueuse et qui demande qu'à vivre
en bon accord avec chacun. Seulement, comme toutes
les grosses, si elle est lente à se mettre en pétard, quand
elle y est, ça fait boum ! vous voyez ce que je veux
dire ?

— Très bien... Vous ne pensez pas que, justement,
cela a fait boum ! dans le passage des Maçons ?

— Sûrement pas ! Suzanne, c'est le genre soupe au
lait, mais sans rancune.

— Et ses amies ?

— Mireille ? une vraie fourmi... Une vocation de
ménagère manquée... hélas ! Quant à Germaine, une
débrouillarde ! Mais tout ça, monsieur Cernil, franc
comme l'or et bon comme le pain ! Tenez, je vais leur
faire dire de venir prendre le dessert avec nous, à condition que ça vous gêne pas ?

— J'en serais enchanté, au contraire.

-:-

Alertées par un gamin qu'Olympe avait expédié chez
elles, les trois « créatures » étaient venues pour manger
la tarte de Mme Rosaleda. Ignorant qu'il y avait un
autre invité, elles ne s'étaient pas mises sur leur trente et
un et, pendant un moment, elles en marquèrent du dépit.
Très vite, toutefois, la gêne se dissipa et au bout d'un
quart d'heure, la plus franche cordialité régnait autour
de la table. De temps à autre, l'hôtesse jetait à Léonce un
coup d'œil qui signifiait : « Avouez que ce sont des
bonnes filles ? » — Effectivement, le commissaire avait
le sentiment que les « dames » des barons étaient de
braves filles. Suzanne, une blonde fortement charpentée,
montrait un visage aux traits fins que, malheureusement,
la graisse alourdissait. Elle ne possédait encore que la
gorge et l'embonpoint qu'on appréciait au XVIIᵉ siècle,
mais il était à prévoir que si elle ne mettait pas un frein
à son appétit et à sa gourmandise, elle allait s'empâter
de la plus irrémédiable façon. A la regarder manger ses
morceaux de tarte avec la mine d'une gosse qui craint
d'être grondée, il s'avérait difficile d'associer son image
à un meurtre.

Pour Mireille, le commissaire devait admettre qu'elle
évoquait une fourmi. Menue, des cheveux noirs, une
ombre de moustache sur la lèvre, un teint hâlé, la jeune
femme ne semblait pouvoir tenir en place. Elle se levait
et se rasseyait sans cesse emportant ceci, apportant cela.
On devinait qu'au milieu des travaux ménagers, elle se
sentait comme poisson en rivière. Quant à la rousse
Germaine, du premier instant, on voyait que c'était la
plus intelligente des trois. Pas spécialement jolie avec ses
yeux trop petits et sa bouche trop grande, elle avait un
nez retroussé qui la rendait bien sympathique. Elle
n'était qu'un éclat de rire. Et bavarde... ! Léonce eut très

vite la certitude que cette gaieté apparemment factice, voire un peu lassante, cachait un esprit qui observait, jugeait et décidait. S'il fallait imputer le crime à l'une des trois, Germaine serait la candidate N° I du commissaire.

Au cours de la conversation, on fit des allusions aussi pudiques que voilées aux barons qui arrivaient le lendemain, puisqu'on était jeudi et l'on invita Cernil, à venir le soir même manger le cassoulet de son choix au restaurant de la rue Penavayre. On se quitta les meilleurs amis du monde.

Effectuant son ultime promenade incognito dans les rues de la vieille ville, le policier devait se remémorer nombre de visages de criminels contemplés au cours de sa carrière et s'appuyer sur son expérience pour se dire que la sympathie éprouvée spontanément envers les convives de Mme Rosaleda, ne prouvait en aucune façon que l'une d'elles n'ait étranglée Mlle Sartilly.

-:-

Le matin suivant, prenant congé de Olympe Rosaleda, le commissaire n'osa pas lui avouer — quoi qu'il en ait eu la veille l'intention — sa véritable identité. Ayant consulté l'horaire des chemins de fer, il s'en fut prendre une chambre à l'hôtel Brossy et se rendit au commissariat comme s'il arrivait de la gare. Il y fut fraîchement reçu. Son collègue était un homme grand, maigre, avec un teint d'hépatique qui lui donnait une certaine ressemblance avec un Aztèque. Une courte moustache d'un noir de jais n'ajoutait rien au côté avenant du personnage. Lorsque Cernil se fut présenté, le commissaire Aulas se contenta de remarquer :

— Je vous attendais plus tôt !

— Pourquoi ? Vous rencontrez des difficultés ?

— Des difficultés ? Pour vous répondre, il faudrait
qu'on m'ait laissé me livrer à l'enquête qui s'imposait,
mais il paraît que seuls ces messieurs du S. R. P. J. sont
qualifiés pour découvrir les criminels. Je me suis donc
résigné à l'inaction, me contentant de faire ce qu'on
tolérait que je fasse. La broutille, quoi !

— Puis-je vous demander votre opinion ?

— Je me garderais bien d'en avoir une, cela risquerait
d'être antiréglementaire !

— Je vois... Mon Cher Commissaire, me tromperais-je
en pensant que vous n'êtes pas tellement disposé à
m'aider ?

— Mon cher Commissaire, en effet, vous vous trom-
periez. Je connais mon devoir. Je vous ai préparé un
dossier. Lorsque vous en aurez pris connaissance, je me
tiendrai à votre disposition pour en discuter, si toutefois
vous estimez qu'une telle conversation puisse vous être
utile.

— J'en suis convaincu.

— Vous me surprenez. Dans ce cas, voulez-vous que
nous nous retrouvions ici, après déjeuner ? Disons vers
quinze heures ?

— Très volontiers.

— A part ça, que puis-je pour vous ?

— Mettre une voiture à ma disposition, le cas
échéant.

— Entendu.

— Alors, à tout à l'heure, monsieur le Commissaire.

— A tout à l'heure, monsieur le Commissaire.

Avant de quitter le bureau, Léonce précisa :

— J'ai ma chambre à l'hôtel Brossy, au cas où l'on
m'appellerait de Montpellier.

— J'en prends bonne note.

-:-

Le dossier ne contenait pas beaucoup plus d'informations que celles fournies à Cernil par la rumeur publique. Evidemment, le détail le plus marquant, avant le meurtre, était cet appel lancé par M. de Créau et qui semblait le désigner comme le meurtrier. Toutefois, le policier estimait que le criminel, en agissant de la sorte, avait vraiment mis beaucoup de bonne volonté à se faire remarquer. Il est rare que celui ayant formé le projet de tuer, téléphone à sa future victime, chez elle, où il sait qu'elle n'est pas seule, pour lui donner un rendez-vous que chacun va connaître et ce après avoir décliné ses nom et qualité.

En regagnant le commissariat, son dossier sous le bras, Léonce se convainquait que l'affaire se révélait un peu plus compliquée qu'on ne se le figurait à Monpellier et que la présence de l'irascible commissaire n'allait pas faciliter les choses.

L'humeur de M. Aulas ne s'était pas améliorée au cours du repas.

— Alors, vous avez lu ?

— Attentivement.

— Vous vous êtes fait une idée ?

— Pas encore.

— Tiens donc ?

Le commissaire du S. R. P. J. alluma une cigarette avant de déclarer très calmement :

— Mon cher collègue, je voudrais que vous vous persuadiez que je ne me trouve pas ici pour mon plaisir. J'ai un supérieur, le commissaire divisionnaire, qui me donne des ordres que j'exécute. J'ai tout à perdre et rien à gagner dans ce genre d'expédition. Si, par-dessus le marché, vous me traitez en ennemi, j'aime autant reprendre le train dès ce soir et rendre compte de mon

incapacité à travailler dans ces conditions. Vous savez
parfaitement, monsieur le Commissaire, que je ne puis
entreprendre quoi que ce soit sans votre appui, car vous
seul connaissez les gens mêlés de près ou de loin à ce
crime, vous seul pouvez me renseigner sur la mentalité
pour m'éviter des erreurs de parcours, des gaffes et
surtout de perdre mon temps. En résumé, nous mar-
chons la main dans la main ou je renonce.

Le sang aux joues, Aulas resta un moment silencieux
puis :

— Pardonnez-moi, monsieur le Commissaire... Je me
suis conduit comme un rustre. Mais, nous autres, pro-
vinciaux attachés à des bureaux où nous nous ennuyons,
nous avons l'épiderme sensible... C'est peut-être parce
que nous avons conscience de la médiocrité de nos
tâches que nous nous montrons si chatouilleux... Que
voulez-vous, nous aimerions bien que, de temps à autre,
on nous fît confiance... surtout quand il s'agit d'affaires
nous touchant d'aussi près...

— Vous croyez à la culpabilité de M. de Créau ?

Aulas, regarda son vis-à-vis d'un air mi-figue, mi-
raisin.

— Pas tellement, et pourtant... toutes les preuves sont
contre lui. On insulte sa maîtresse qui profère des
menaces publiques... Il téléphone à la victime pour lui
donner rendez-vous... N'importe qui, à ma place, l'aurait
mis sous les verrous.

— Pourquoi ne l'avez-vous pas fait ?

— Parce qu'il s'agit de M. de Créau... Oh ! ne vous
méprenez pas sur ma réflexion ! Ce n'est pas le titre qui
m'intimide, mais l'homme... J'ai trop de respect pour son
intelligence, sa culture, son scepticisme à l'endroit des
femmes pour le croire capable d'un geste aussi stupide et
aussi... vulgaire.

— Pourtant...

— Je sais, je sais ! Pourtant il a téléphoné à Mlle Sartilly.

— Vous avez interrogé M. de Créau ?

— Non.

— Pour quelles raisons ?

— J'ai préféré laisser ce soin à quelqu'un de non prevenu en faveur du suspect. Et puis, M. de Créau n'est pas n'importe qui... De plus, la victime est apparentée à l'une des meilleures familles de Rodez... Il faut y aller avec précaution, ménagement, vous comprenez ?

— Oh ! oui... Il en est presque toujours ainsi dans les enquêtes que je suis appelé à mener, lorsque des gens ayant pignon sur rue y sont mêlés... J'imagine que c'est parce que je suis loin qu'on m'a expédié ici de Montpellier... On préfère que ce soit moi qui prenne la responsabilité de déranger l'ordre social établi ?

— Ma foi...

— Vous ne me surprenez pas. Seulement vous, vous n'étiez pas d'accord ?

— Pas exactement.

— Vous pouvez m'expliquer ?

— C'est difficile... Voyez-vous, d'une part, je suis contraint à une grande circonspection pour ne pas déclencher des réactions en chaîne dont je risquerais, en fin de compte, d'être la seule victime, d'autre part...

— D'autre part ?

— ... d'autre part, je ne serais pas fâché de bousculer un peu toutes ces positions si solidement établies et qui nous écrasent, nous, les modestes. Si l'on devait ficher en l'air l'une de ces forteresses sociales, je ne voudrais pas que ce soit par un autre que moi.

Léonce regarda longuement son interlocuteur à travers ses paupières mi-closes.

— Vous me semblez chercher une sorte de vengeance, non ?

— De revanche, plutôt, mais contre une classe, pas contre un homme, surtout quelqu'un comme M. de Créau que j'estime.

— Monsieur le Commissaire, je suis votre aîné et c'est pourquoi, je crois pouvoir me permettre de vous dire que, dans notre métier, il nous faut prendre garde à ne pas laisser nos sentiments personnels l'emporter sur notre... sang-froid professionnel... notre indifférence... Cependant, je vous donne ma parole que s'il apparaît que le coupable soit à chercher parmi ces gens que vous n'aimez guère, le moment venu, je vous céderai la place...

— Merci. Maintenant, désirez-vous que je vous entretienne de ces gens qui ont à voir, de près ou de loin, quelque chose avec ce meurtre ?

Cernil se leva.

— Inutile. Vous devez penser qu'on n'est pas arrivé à mon âge sans avoir des habitudes auxquelles on tient. Je préfère établir mon opinion tout seul, ainsi je suis sûr de ne pas être influencé. Je vais aller bavarder avec les Valfroicourt et je reviendrai vous donner mes impressions, si vous le voulez bien.

— Je vous attends.

-:-

Lorsque la bonne l'introduisit dans la partie de l'hôtel de la place du Bourg réservée à la vie privée des Valfroicourt, Cernil eut l'impression d'entrer dans un monde pareil à celui de nos songes, un monde de silence où les mouvements toujours feutrés ne soulèvent aucun écho. Quand il eut dit qui il était, la servante le regarda avec curiosité avant de le précéder dans une pièce petite, discrètement meublée à l'ancienne où il semblait que le fait de respirer devenait incongru. Le policier se trouvait

plongé dans un univers immobile, cossu et dont l'immo-
bilité même disait l'assurance. Léonce se demanda si,
dans ce milieu presque hors du temps, un crime parvien-
drait à y soulever des remous assez violents pour qu'il en
perdît son impassibilité quasi hiératique. La fille qui
l'avait reçu revint le chercher pour le mener auprès de
Mme Valfroicourt.

Quand la bonne s'écarta sur le seuil du salon en
annonçant :

— Monsieur le Commissaire Cernil !

Léonce crut, tout de bon, que le rêve se poursuivait et
qu'il allait découvrir la Belle au bois dormant. Dans
cette pièce immense au plafond à la française, emplie de
meubles de qualité, Hélène Valfroicourt, à sa tapisserie,
faisait penser à une princesse de légende attendant le
retour d'un époux parti guerroyer l'Infidèle. Tout de
suite, elle plut au policier qui, habitué à la solidité sans
faille de Marguerite Aubignac, n'en était que plus
touché par la grâce fragile de celle qui l'accueillait.

— Vous avez sollicité un entretien, monsieur le Commissaire. J'imagine que c'est au sujet de ma malheureuse
cousine ?

— En effet, madame.

— Pardonnez-moi, mais il me semble que mon mari
eût été mieux que moi capable de répondre à vos questions ?

— Pas du tout, madame, car ce n'est pas sur les
événements tragiques qui ont entouré la disparition de
Mlle Sartilly que je désirerais votre avis, mais bien sur
votre cousine elle-même. En un mot, je souhaiterais savoir qui elle était et je pense que nulle autre, mieux que
vous, ne pourrait me renseigner.

— Asseyez-vous, je vous prie.

Le commissaire était intrigué par l'air un peu effaré
de Mme Valfroicourt. Elle faisait penser à une fillette

obligée soudain d'interrompre ses jeux silencieux pour s'entretenir avec une grande personne.

— Monique Sartilly, monsieur le Commissaire, était ma petite cousine ainsi que nous disons par ici. Elle avait quelques années de moins que moi, mais son caractère en faisait mon aînée. C'était elle qui, à mon égard, jouait la grande sœur et me protégeait.

— Contre quoi ?

Hélène eut un petit rire confus.

— Contre rien de précis... Voyez-vous, monsieur le Commissaire, je ne suis sortie du couvent où j'ai été élevée, où je me proposais de prendre le voile, que pour épouser Me Valfroicourt rencontré au cours d'une vente de charité, organisée chaque année, par nos religieuses. Ceci pour vous expliquer que je ne connaissais pas grand-chose de la vie et, aujourd'hui, je dois avouer que je n'en connais guère plus. Je sors très rarement et ne me plais que chez moi, avec mon mari. Monique, au contraire était une lutteuse. Par elle, le monde extérieur me venait visiter.

— Il y a longtemps qu'elle vivait auprès de vous ?

— Assez, oui... Tenez, voilà sa photographie.

Mme Valfroicourt prit sur le guéridon placé à côté d'elle la photo de Monique et la tendit à son visiteur. Pendant que ce dernier contemplait ces traits sans grâce et cette figure commune, sauvée du vulgaire par un regard des plus vifs, son hôtesse poursuivait :

— Monique a été durement traitée par la vie... La fortune de ses parents a disparu dans des entreprises hasardeuses. Son père n'a pas survécu à son échec et sa mère l'a suivi moins d'une année plus tard. Restée seule, avec un mince bagage, Monique s'est battue courageusement. C'est vraiment quand elle a compris qu'elle ne s'en tirerait pas qu'elle m'a appelée au secours.

Cernil rendit la photographie à son hôtesse.

— Ces injustices du sort avaient-elles meurtri Mlle Sartilly au point de l'aigrir ?

— En aucune façon... Elle s'affirmait une sorte de don Quichotte toujours prête à sacrifier ses intérêts matériels à son idéal.

— Qui était ?

— La pureté, la loyauté... Tenez, sa maladresse envers mon mari est une preuve indiscutable de son désintéressement.

— Puis-je vous demander de m'expliquer ce que vous entendez par là, madame ?

— Je pense, monsieur le Commissaire, qu'on vous a déjà parlé, des... enfin, des trois compagnes des barons ?

— En effet.

— Pour Monique, la présence de ces créatures du péché dans notre ville, constituait une insulte à la décence. Elle harcelait mon mari pour qu'il effectue les démarches nécessaires auprès des autorités et au nom de la morale, afin que ces... femmes soient obligées de s'en aller... Je ne vous cache pas que Me Valfroicourt, mon époux, est un homme peu porté à se battre et l'insistance de Monique le fatiguait, peut-être parce qu'elle lui donnait mauvaise conscience... Une autre que moi, je veux dire quelqu'un de moins sensible aux vertus de Monique, eût pu la prier de quitter notre foyer... Or, elle n'avait pas un sou... Que serait-elle devenue sans nous ? Et pourtant, elle continuait son combat, au risque de tout perdre... monsieur le Commissaire, croyez-moi, Monique Sartilly était quelqu'un de bien... D'ailleurs je peux vous confier sous le sceau du secret...

D'un geste de la main, le policier interrompit Hélène.

— Attention, madame ! Je ne puis vous promettre le secret que si ce que vous vous proposez de m'apprendre n'a pas trait, d'une façon ou d'une autre, au meurtre de Mlle Sartilly.

— Rassurez-vous, il n'en est rien... Donc, je vous disais, sous le sceau du secret, que Monique nous aurait quittés de toute façon, car elle était aimée du secrétaire de mon mari, — Edmond Payrac — garçon de qualité, possédant une jolie fortune et de grandes espérances. Il sera sans doute notaire, lui aussi.

— Comment a-t-il réagi... à l'événement ?

— Avec une extrême pudeur. Comme il ne nous avait pas fait part de ses sentiments à l'égard de Monique, nous n'avons pas cru devoir lui assurer à quel point nous partagions sa peine.

— Mlle Sartilly vous avait mise au courant de leurs intentions ?

— Monique ? Elle était l'opposée d'une chimérique et je pense qu'elle n'aurait parlé de rien tant que la date du mariage n'aurait pas été décidée.

— Je vois... Cependant, si l'un et l'autre ne vous ont entretenue de ce projet, êtes-vous certaine qu'ils l'aient nourri ?

Hélène Valfroicourt eut une moue moqueuse.

— Monsieur le Commissaire, j'ai beau ne pas être très à la page... très... dans le vent, c'est l'expression, je crois ? je n'ai nul besoin de leçons pour découvrir que les gens s'aiment. Si vous aviez vu les regards enamourés de notre Edmond... Si vous aviez entendu ses soupirs... Je puis vous jurer qu'il était profondément épris.

— Et elle ?

— Son caractère ne lui permettait pas de le montrer mais elle ne pouvait se passer de sa compagnie et tous les prétextes lui étaient bons pour sortir avec lui.

— Pour quelles raisons, à votre avis, différait-elle une confidence qu'elle vous devait ?

— A mon avis, Monique était gênée d'épouser Paul.

Non pas pour la légère différence d'âge qui les séparait,
mais parce qu'elle était pauvre et ne pouvait apporter un
sou de dot.

— Ce que vous m'apprenez me surprend un peu,
madame, car dans Rodez, il n'est bruit que des fian-
çailles de M. Payrac et de Mlle Busloup ?

— Nous sommes en province, monsieur le Commissaire, et les gens y sont encore un peu vieux jeu. Ils
n'admettent pas qu'un garçon et une fille puissent être
camarades... Tout de suite ils pensent au mariage.

— Et Mlle Sartilly ne prenait pas ombrage de cette
amitié ?

— Elle était trop droite pour voir le mal où il n'était
pas. Elle avait assez à faire en le traquant là où il se
cachait ou s'étalait.

Léonce prit congé de la notairesse.

— Après ce que vous avez bien voulu me confier,
madame, j'ai l'impression de connaître un peu Mlle Sartilly, une âme, à ce qu'il me semble, d'une qualité peu
commune.

— Peu commune, en effet, monsieur le Commissaire.

-:-

Autant Cernil avait été impressionné par la personne
d'Hélène Valfroicourt et le cadre où elle vivait, autant la
vue du notaire le persuada, d'emblée, qu'il se trouvait en
présence d'un homme sans importance ni originalité. Il
lui parut que ce séduisant quinquagénaire devait avoir
beaucoup de peine à mettre deux idées (qui ne fussent
pas des banalités) à la suite l'une de l'autre. Paul Valfroicourt reçut le policier avec cette courtoisie pratiquée
depuis longtemps et qui donne parfois et pour un
moment, l'illusion de l'intelligence.

Après qu'ils eurent pris place dans les confortables fauteuils que l'étude proposait à des clients, Léonce entama la conversation.

— Maître, j'ai eu un entretien des plus instructifs avec Mme Valfroicourt. Elle m'a brossé, de Mlle Sartilly, un portrait qui m'a permis de me faire une idée plus nette de la victime, idée que ne m'eussent pas donnée des rapports administratifs et... glacés.

— Monsieur le Commissaire, je ne sais ce que vous a raconté ma femme, mais je voudrais vous mettre en garde. Hélène aimait beaucoup sa cousine et je crains qu'elle ne l'ait un peu... idéalisée. Voyez-vous, Mme Valfroicourt s'était convaincue qu'elle avait un devoir de charité impérieux vis-à-vis de Monique sous prétexte qu'elle était pauvre et elle, riche.

— Mme Valfroicourt m'a parlé de la vertu intransigeante de sa cousine.

— Sans doute, mais il est plus facile d'être vertueux quand votre vertu ne court pas de danger... Vous avez vu sa photo ?

Cernil répondit d'un hochement de tête affirmatif et continua :

— Pourtant, toujours d'après votre femme, maître, en dépit de tout, il semblerait que Mlle Sartilly ait suscité un amour ardent et que votre secrétaire...

— Il paraît... J'avoue que je ne comprends pas, car Edmond m'a toujours semblé être un garçon normal... De plus, je le croyais très engagé auprès de Mlle Busloup, une de nos plus riches héritières... mais il ne faut pas chercher la logique dans les aventures du cœur, n'est-ce pas ?

— Certainement, Maître, si je vous demandais de me donner votre opinion personnelle sur la défunte ?

— Une enquiquineuse qui promenait sa réputation de vertu comme d'autres brandissent des étendards.

— Dans ces conditions, maître, pour quelles raisons tolériez-vous sa présence à votre foyer ?

Le notaire haussa les épaules.

— Autant que je vous l'apprenne moi-même, puisque de toute façon on se fera une joie de vous renseigner : ma femme est très riche et sa fortune lui permet d'agir à sa guise. J'aurais mauvaise grâce à m'opposer à ses désirs et ce d'autant plus qu'Hélène est très facile à vivre.

— Je vous remercie de votre franchise, maître. A propos du meurtre, avez-vous un avis ?

— Pas le moindre. Monique exaspérait pas mal de gens mais d'ici à la tuer, il y a une marge !

— Que quelqu'un a franchie !

— Oui... J'avoue que cela me semble effarant...

— Croyez-vous que soit coupable celui que la logique désigne, je veux dire le baron de Créau ?

— Sûrement pas !

— Pourtant, votre cousine a bien précisé à Mme Valfroicourt que c'était le baron qui l'appelait pour lui demander un rendez-vous immédiat ?

— Sans aucun doute. Hélène n'eût sûrement pas inventé cette confidence de Monique...

— Dans ce cas, avez-vous une explication ?

— Ma foi non... Peut-être ce rendez-vous n'a-t-il rien à voir avec le meurtre qui a pu être commis avant ou après ?

— Je crains que cette hypothèse ne rencontre beaucoup de sceptiques.

Le notaire en convint.

— Moi aussi, cependant si vous connaissiez M. de Créau...

— Rassurez-vous, maître, je me propose de le rencon-

trer. Sur ce violent incident qui mit aux prises, peu avant
sa fin tragique, Mlle Sartilly et une des directrices du
restaurant « Aux Trois Cassoulets », que savez-vous ?

— Je n'en ai pas été le témoin et sur ce point, mon
secrétaire, Edmond Payrac, qui accompagnait ma cousine, vous sera beaucoup plus utile que moi. Ce que je
puis vous assurer — car je suppose que vous êtes au
courant de l'existence des trois « dames » de Rodez et de
leurs rapports avec les barons — c'est que Monique
Sartilly haïssait ces trois femmes.

— Pourquoi ?

— Allez savoir ! on en est réduit aux suppositions...
Je crois que ma cousine détestait les compagnes des
barons parce qu'elles étaient, à ses yeux, l'exemple type
du vice récompensé, de l'injustice permanente... Je suppose qu'aigrie par sa disgrâce physique, par sa pauvreté,
drapée dans sa vertu hautement proclamée, elle souhaitait donner des leçons à tout le monde et faire payer à
celles qui avaient eu une chance plus ou moins méritée,
sa malchance imméritée.

— Savez-vous qui hérite de Mlle Sartilly ?

— Hériter quoi ? elle ne possédait que ses vête-
ments.

-:-

Lorsque Cernil eut fait un rapport fidèle au commissaire Aulas de ses conversations avec les Valfroicourt,
celui-ci donna l'avis qu'on sollicitait :

— Dans ce que vous m'avez rapporté, mon cher collègue, il y a deux choses dont l'une ne me surprend pas,
tandis que l'autre me rend perplexe. La première, c'est
que Me Valfroicourt ait pris la défense des barons. Il est
lié d'amitié avec eux depuis fort longtemps et, de plus,

ce sont des clients de son étude. Son comportement est donc normal. La seconde, ce sont les amours discrètes, mais semble-t-il passionnées de feu Monique Sartilly et d'Edmond Payrac, car il est de notoriété publique que ce dernier courtise depuis plus d'un an Mlle Busloup.

— Mme Valfroicourt m'a assuré qu'il ne s'agissait là que de l'amitié de deux camarades.

Le commissaire Aulas ricana :

— Des camarades un peu particuliers ! On les a vus s'embrasser à pleines lèvres, il y a peu, sur un banc du boulevard.

— J'aimerais bavarder avec ce Payrac. Il n'était pas à l'étude. Où puis-je le rencontrer ?

— Chez lui, au 150, rue des Martyrs-de-la-Résistance ou alors sur les boulevards, s'il a rendez-vous avec son autre bien-aimée.

-:-

Désirée Busloup et Edmond Payrac, assis sur leur banc habituel, demeuraient indifférents à la curiosité qu'ils soulevaient chez les promeneurs. Tenant la main de son compagnon dans la sienne, Désirée remarquait :

— Edmond, vous n'êtes plus le même depuis la mort de cette pauvre Monique... Vous teniez tant que cela à elle ?

— Ne dites donc pas de sottises ! Son absence crée un grand vide chez les Valfroicourt...

— Vous n'êtes pas un Valfroicourt...

— Merci de me l'apprendre.

— Je ne voulais pas vous blesser.

— Enfin, ne pouvez-vous imaginer que la disparition de Mlle Sartilly bouleverse mon existence et celle des Valfroicourt: Je la voyais pratiquement tous les jours. Je sortais avec elle...

— Elle va vous manquer ?

— Dans un sens, oui et terriblement.

— Vous êtes cruel, Edmond.

— Parce que vous comprenez toujours à l'envers ! Vous soupçonnez tout le monde et chacun ! Combien de fois faudra-t-il vous répéter qu'il n'y a jamais rien eu entre Monique Sartilly et moi ?

— Mais comment voulez-vous que je vous croie quand je constate l'état dans lequel vous plonge son absence ?

— Vous ne pouvez pas deviner !

— Qu'en savez-vous ?

Il ne répondit pas et elle ajouta d'une petite voix triste :

— Vous ne m'aimez pas, Edmond...

— Je vous assure que...

— Non ! ne vous défendez pas... A quoi bon ? Il faut que je me montre raisonnable. On ne peut pas avoir toutes les chances... Déjà, j'ai celle d'être riche... alors, sans doute, faut-il que je laisse la tendresse aux autres.

Emu, Payrac chuchota :

— Ne parlez pas ainsi...

— Partez, maintenant, Edmond... Ce n'est plus la peine de poursuivre ce jeu qui me fait trop mal...

— Désirée, je voudrais...

— Je sais que vous êtes très embêté... Alors, n'insistez pas... Vous allez chez vos parents, ce soir ?

— Je saute dans ma voiture et je file.

— Ne vous attardez donc pas, Edmond... Adieu.

— Mais...

— Je vous en prie, partez...

Après une brève hésitation, Payrac s'éloigna, pas très fier de lui. Sitôt qu'elle l'eut perdu de vue, Désirée Busloup se laissa emporter par son chagrin et pleura discrètement toutes les larmes de son corps.

Cette scène entre les deux jeunes gens avait eu un témoin attentif en la personne de Cernil qui n'avait aucun mal à reconnaître les pseudo-amoureux ou mieux à les deviner. Quand il prit place sur le banc à côté de Mlle Busloup, celle-ci voulut se lever, mais Léonce la retint par le bras :

— Restez, mademoiselle, j'ai à vous parler.

Stupéfaite, Désirée regarda son interlocuteur.

— Mais, monsieur, je ne crois pas...

Il l'interrompit gentiment :

— Et vous croyez bien. Vous êtes mademoiselle Busloup, n'est-ce pas ?

— Oui.

— Je suis le commissaire Cernil, chargé d'enquêter sur la mort de Mlle Sartilly.

— Ah... Je ne vois pas ce que...

— Laissez-m'en juge, s'il vous plaît, mademoiselle. Voyez-vous, je ne sais pas grand-chose de la victime... C'est la raison pour laquelle j'interroge ceux et celles qui l'ont bien connue. Elle était de vos amies ?

— Au vrai, elle était surtout une relation de mes parents... Elle avait rencontré ma mère dans je ne sais quelle assemblée philanthropique... Elles s'étaient revues... On lui avait fait part des difficultés qu'on éprouvait à me trouver un mari en dépit de ma dot... par suite de ma laideur... Merci de ne pas protester, monsieur le Commissaire.

— Mademoiselle, je suis arrivé à l'âge où l'on devient intelligent, parce que l'on aime alors les gens pour ce qu'ils sont et non pour leur visage.

— Vous êtes gentil... C'est Mlle Sartilly qui a proposé à mes parents de me faire rencontrer Edmond Payrac.

Léonce ne put dissimuler sa surprise.

— Vraiment ?

— Je comprends votre étonnement... On vous a

raconté, à vous aussi, que Monique et Edmond étaient
épris l'un de l'autre.

— Ce n'était pas exact ?

— Je ne sais pas... Chaque fois que je l'ai interrogé
sur ce sujet, Edmond s'est dérobé.

— Il me semble que, d'après son attitude à votre
égard, vous auriez pu avoir une idée précise ?

— Non. D'ailleurs, ça n'a plus d'importance.

— Parce que ?

— Parce que M. Payrac et moi venons de rompre.

— Où est-il ce M. Payrac ?

— Il roule sur la route d'Espalion, où habitent ses
parents.

-:-

Dans sa chambre de l'hôtel Brossy, Cernil reconnais-
sait que la situation, loin de se clarifier, s'embrouillait.
Pourquoi diable était-on allé étrangler la vertueuse
Monique qui devait être exaspérante, sans doute, mais
s'il fallait assassiner tous les casse-pieds, le monde serait
vite dépeuplé. Il y avait sûrement autre chose, mais
quoi ? Il était possible aussi que ce meurtre ait été le
résultat d'une colère passagère et incontrôlée. Et puis, à
quoi rimaient ces amours invraisemblables du jeune Pay-
-rac avec deux filles aussi laides l'une que l'autre ? Pourquoi Monique aurait-elle présenté Edmond à Désirée si
elle tenait à lui ? S'il tenait à elle ? Sur ce point, le
témoignage d'Hélène Valfroicourt s'affirmait troublant.
Fallait-il admettre que Monique Sartilly s'était éprise du
timide Payrac après qu'elle lui ait présenté Mlle Busloup
et qu'Edmond se soit débarrassé d'elle pour pouvoir
épouser la richissime Désirée ? Dans ce cas, pour quel
motif aurait-il rompu avec l'héritière, maintenant que
plus rien n'entravait sa route ? Léonce estima qu'il lui

faudrait s'entretenir avec ce versatile garçon et le baron de Créau. Tant qu'il n'aurait pas eu une conversation sérieuse avec ces deux-là, toute hypothèse serait gratuite.

Pour calmer son énervement, le commissaire écrivit à Marguerite dont la sérénité prenait plus de prix à ses yeux lorsqu'il avait affaire à des gens au comportement bizarre.

Lorsqu'il eut terminé sa lettre, Léonce s'étendit sur son lit pour se reposer un instant, et il s'endormit. Quand il se réveilla, il était presque vingt-deux heures. Il devrait se passer de dîner et cette constatation le mit de méchante humeur. Il sortit pour aller porter son épître à la Grand-Poste, place du Maréchal-Foch et décida, la nuit étant douce, de s'offrir une promenade dans la vieille ville, avant de regagner son hôtel. Toutefois, empruntant la rue Corbière où débouchait la rue Penavayre, il résolut de voir s'il n'y aurait pas moyen de manger un restant de cassoulet chez les « dames ».

Il y avait encore du monde lorsque le commissaire pénétra au « Trois Cassoulets » et Germaine qui l'accueillit marqua sa surprise, car elle le croyait parti. Il expliqua qu'il avait changé d'avis et demanda si l'on pouvait lui servir n'importe quoi. On l'installa à une petite table et Mireille vint lui souhaiter le bonsoir. Une heure plus tard, Cernil demeurait le dernier dans la salle maintenant désertée. Comme il ne semblait pas se décider à partir, Suzanne, ayant abandonné ses fourneaux, vint lui annoncer gentiment que ses amies et elle lui seraient obligées de d'en aller, car il leur fallait fermer boutique. Dans un sourire, elle lui dit :

— Vous êtes le dernier...

— C'est ce que je voulais.

— Ah ?

— Voyez-vous, madame, je vous ai menti, l'autre jour.

Suzanne et Mireille qui nettoyaient les tables, dressèrent l'oreille et se rapprochèrent du policier qui continuait :

— ... je ne suis pas représentant de commerce, mais commissaire de police, chargé d'enquêter sur l'assassinat de Monique Sartilly...

Il vit se crisper les mains de Suzanne Montenay.

— ... c'est la raison pour laquelle je suis resté après tous les autres afin d'avoir un entretien avec vous et vos deux camarades.

CHAPITRE III

Léonce avait un peu honte de sa ruse, mais il est difficile d'exercer son métier comme un gentleman quand on est policier. La gêne de Cernil tenait à ces trois visages tendus vers lui et reflétant la peur. Sans trop savoir pourquoi, il pensa à des gosses ayant commis une sottise et qui tremblent à la perspective de la punition méritée... Germaine se reprit la première :

— Ainsi, vous êtes un flic ?

— Commissaire de police, pour être précis.

Donnant l'impression d'arriver, avec peine, au terme d'un raisonnement difficile, Mireille constata :

— Vous nous aviez raconté que vous étiez représentant...

— Dans un sens, c'est exact, puisque je représente la loi.

La réplique parut plonger Mireille dans un abîme de réflexions. Suzanne résuma l'opinion de ses compagnes et la sienne en déclarant :

— Ce n'est pas joli, joli, de nous avoir menti.

Cernil ne voulait pas les effrayer de crainte qu'elles ne s'enferment dans un mutisme total.

— J'assume une tâche dont tout le monde a besoin mais qui, malheureusement, ne présente pas que des côtés brillants... C'est seulement dans les romans policiers que les beaux détectives sont aimés de belles ingénues ou de ravissantes criminelles... La réalité est moins reluisante... Pourtant, quand on a choisi, il faut accepter ses responsabilités, n'est-ce pas ?

Germaine rétorqua :

— Si vous jugez votre boulot aussi moche, pourquoi l'exercez-vous ?

— Parce que je pense à ceux et à celles qu'on tue et qui n'ont que nous pour les venger. Voyez-vous, madame, on ne saurait se conduire avec les assassins comme on se conduirait avec des gens du monde ou plus simplement avec les braves gens. Sans doute, ce que je suis contraint de faire n'est-il pas toujours joli ainsi que l'a souligné Mme Suzanne, mais étrangler Mlle Sartilly n'était pas joli non plus.

Mireille protesta :

— Pourquoi vous nous dites ça ?

Léonce feignit l'étonnement.

— Mais, parce que l'une d'entre vous est soupçonnée d'être sa meurtrière, l'ignoriez-vous ?

Germaine haussa les épaules.

— On ne le savait pas, mais on s'en doutait. La mort de cette garce, après sa querelle avec Suzanne, était une trop belle occasion que nos ennemis ne pouvaient pas laisser passer. Pour tout vous dire, on était même étonné de n'avoir pas été convoquées au commissariat. Ils sont juste venus pour nous poser quelques questions et puis c'est tout. Des questions imbéciles, d'ailleurs !

Le commissaire sourit.

— On juge toujours idiotes les questions qui vous déplaisent. A mon tour, je vais vous interroger. J'espère que mes questions vous paraîtront moins stupides et qu'en tout cas, vous y répondrez intelligemment. Avant de commencer, je tiens à vous prévenir que si je suis là, c'est pour vous éviter d'aller au commissariat et donc d'exciter la malignité publique à votre endroit. Nul n'est au courant de ma démarche de ce soir. Il ne tient donc qu'à vous qu'elle demeure discrète. Pour cela, je vous demande de vous montrer très franches. Si vous n'avez rien à vous reprocher, inutile de vous faire du mauvais sang. J'ajouterai que vous m'êtes sympathiques toutes trois et que je suis disposé à vous aider de mon mieux, à condition que vous agissiez de même à mon égard. Enfin, j'exige que ce soit celle que j'interrogerai qui me réponde, d'accord ?

Elles inclinèrent la tête en signe d'assentiment.

— Bon. Autant vous apprendre tout de suite que je suis, naturellement, au courant de l'existence des barons et de vos liens avec ces messieurs. Pas besoin de vous préciser que cela ne me regarde que dans la mesure où la mort de Mlle Sartilly aurait pu en dépendre d'une façon ou d'une autre. Madame Germaine, pouvez-vous me donner les raisons de l'hostilité que vous manifestent ceux que vous appelez vos ennemis ? et d'abord, qui sont-ils ?

L'interpellée ricana :

— Et qui voulez-vous qu'ils soient ? toutes les bigotes, les cocus, les mal mariés des deux sexes, pardi ! ceux qui ne pardonnent pas aux autres de goûter un bonheur qu'ils n'ont pas été fichus de trouver. Et puis les bourgeois, les conformistes... Nous sommes des irrégulières. Sous prétexte que nous n'avons pas passé devant le maire et le curé, on nous croit capables de débaucher toute la population mâle de Rodez... Les mères font

semblant de trembler pour leurs fils et les épouses pour
leurs maris. Toutes n'ont qu'un but : nous rendre la vie
impossible et nous voir débarrasser le plancher. Il paraît
qu'on n'a pas le droit d'être heureux en dehors des règles
établies ou alors, c'est de la provocation !

Cernil objecta doucement :

— Pourtant, Mlle Sartilly n'était ni mère ni épouse et
la rumeur publique affirme qu'elle se voulait votre
adversaire le plus acharné ?

— Elle, c'est autre chose... Elle enrageait de rester
vieille fille. Cependant, avec la binette qu'elle avait, elle
aurait dû se faire une raison depuis longtemps ! On
raconte qu'elle ne possédait pas un rond et que ça la
mettait en boule de savoir que nous, on ne connaissait
pas de problème de trésorerie. Enfin, elle se figurait que
si les barons ne s'étaient pas attachés à nous, l'un d'eux
se serait peut-être occupé d'elle... Elle rêvait, quoi ?
Seulement, ses rêves, c'était des cauchemars pour les
autres !

— Et vous n'êtes pas, bien sûr, tout ce qu'on pré-
tend ?

— Nous ?

Elle eut un petit rire triste.

— Vous n'avez qu'à nous regarder pour juger si nous
resemblons à des vamps... Vous admettrez que je n'ai
pas une bouille à faire frissonner les metteurs en scène
de cinéma, hein ? Mireille n'est pas mal, seulement elle
est un peu limitée du côté de la jugeote et elle ne pense
qu'à nettoyer... Quant à Suzanne, elle a toujours préféré
un bon gueuleton aux grandes scènes d'amour.

— Cependant, les barons...

— Les barons ne sont plus de la première fraîcheur...
On travaillait, toutes les trois, dans un grand magasin de
Toulouse quand on les a connus... N'allez pas vous
imaginer que nous étions des Marie-couche-toi-là, sur-

tout ! Chacune avait eu son compte d'embêtements.
Mireille avait passé deux ans dans un sana. Suzanne
avait perdu du même coup son mari et son gosse. Le
petit, une pneumonie l'avait emporté à cinq ans et le
mari, il a foutu le camp. Moi, mon fiancé est mort en
Algérie... Autrement dit, on était plutôt amoché par la
vie les unes et les autres... C'est peut-être pour ça qu'on
s'aimait bien. On n'était pas malheureuse. On avait pris
un appartement à nous trois et, ma foi, on s'en tirait en
mettant nos sous en commun. Aucune n'avait de petit
copain et ne souhaitait en avoir. Des tranquilles, voilà ce
que nous étions. Un soir, on a décidé de faire la noce. Je
crois que c'était pour fêter mon anniversaire. On a été
dîner au Richelieu, rue Gabriel Péri, vous connaissez ?
    — Non.
    — Un restaurant de luxe, du moins pour nous. A la
table voisine de la nôtre, il y avait trois messieurs qui
semblaient drôlement s'y connaître, vu les réflexions
qu'ils échangeaient sur les vins et les plats qu'ils dégus-
taient. Nous, on a eu l'air un peu gourde quand le
maître d'hôtel nous a demandé ce que nous désirions
boire avec ce que nous avions commandé. Alors, un de
ces messieurs nous a offert son aide pour nous conseil-
ler. C'est comme ça que tout a commencé. On s'est vite
rendu compte qu'on leur plaisait et nous, ils ne nous
déplaisaient pas. Ils faisaient, à la fois, sérieux et bons
vivants. Ils nous ont invitées pour le dessert et quand on
a su qu'ils étaient tous des vieux garçons, ça nous a
rassurées. Parce que les aventures avec des maris en
goguette, très peu pour nous. Ce qui est rigolo, c'est que
tout de suite, on s'est appareillé. Le baron de Créau,
l'âme de ces messieurs, a paru se plaire d'emblée auprès
de Suzanne, tandis que Mireille et M. de Fourmage
échangeaient leurs idées sur les différentes manières de
venir à bout de tâches récalcitrantes. Pour moi, j'avais

presque immédiatement eu le béguin pour mon Dominique qui me rappelait un peu mon fiancé. Voilà, ça n'a
pas été plus compliqué... On s'est revu plusieurs fois et
un jour, ils nous ont proposé de devenir leurs amies à
titre définitif à la seule condition d'aller habiter Rodez
où ils passeraient tous leurs week-ends avec nous, moyen-
nant quoi ils nous entretiendraient bourgeoisement et
nous feraient les bénéficiaires d'assurances qui nous met-
traient à l'abri du besoin en cas de malheur. Je ne vous
soutiendrai pas qu'on n'aurait pas préféré le mariage,
mais on n'est pas folle et on savait bien que c'est
seulement dans les contes de fées que les barons
épousent des bergères.

— Je vous remercie. Madame Suzanne, voulez-vous
me raconter ce qu'il s'est passé le soir de l'inauguration
de votre restaurant ?

La grosse blonde roulait des yeux de lapin effrayé.
Germaine se porta à son secours.

— Tu n'as pas à avoir peur... Explique à monsieur le
Commissaire comment c'est arrivé.

Suzanne déglutit deux ou trois fois avant de se décider.

— Tout avait marché comme sur des roulettes... On
était contente... On s'amusait parce qu'on avait fait un
pari entre nous pour deviner le cassoulet qu'on réclame-
rait le plus et on se trouvait quasiment à égalité... On
avait invité Mᵉ Valfroicourt et sa dame. Seulement, lui,
il était retenu et elle, c'est une sorte de cloîtrée... Elle
met presque jamais le nez dehors... Alors, le notaire a dû
donner sa carte à sa cousine qui s'est amenée avec son
coquin, le petit Payrac, qui est secrétaire chez Valfroicourt.

— Son coquin ?

— A la vérité, je ne sais pas trop, mais il y a une
chose de sûre : il l'accompagnait presque toujours...

Quand je les ai vus, ça m'a un peu retournée, je vous prie de le croire ! Elle ne pouvait pas me sentir, cette pimbêche et je le lui rendais bien... Chaque fois qu'on pouvait s'envoyer une vanne, elle et moi, on ne se ratait pas. Aussi, je me doutais qu'elle essaierait de me jouer un coup tordu. Je me tenais sur mes gardes et j'avais averti mes amies. A nous trois, on la surveillait. Ça n'a rien empêché. J'ai été bête, mais j'étais si heureuse que la soirée se soit si parfaitement déroulée que j'ai voulu faire les premiers pas et suis allée lui demander si elle était satisfaite. Elle m'a envoyée promener avec une telle grossièreté que M. Payrac a voulu intervenir, mais lui aussi, il a reçu son paquet. Après, elle ne s'est plus contrôlée et elle nous a lancé des horreurs, qu'on était des filles publiques entre autres et devant tout le monde. Alors, je n'ai plus pu me contenir et j'y ai collé une baffe où j'ai mis tout mon cœur. Comme personne prenait sa défense, elle a fichu le camp. Voilà. On se doutait pas qu'elle allait se faire zigouiller.

— Et si vous aviez su ?

— Je n'y aurais pas flanqué une beigne de première, naturellement.

Cernil s'adressa aux deux autres.

— Elle n'a rien oublié ?

Mireille répondit pour les deux.

— Non, ça s'est passé de la façon qu'elle vous a dit.

— Et les barons ?

Germaine fronça le sourcil.

— Quoi, les barons ?

— Comment ont-ils réagi quand vous les avez mis au courant ?

— Ils voulaient aller se plaindre à Mᵉ Valfroicourt et lui annoncer qu'ils lui retireraient leur clientèle si sa cousine ne changeait pas d'attitude à notre égard.

Sans avoir l'air d'y toucher, le commissaire précisa :

— Vous deviez encore être sous le coup de l'émotion lorsque vous leur avez rapporté les faits ?

Avant que Suzanne n'ait ouvert la bouche, Germaine répliqua :

— On leur a parlé par téléphone, ou plutôt on a appelé M. de Créau puisque c'était Suzanne la principale intéressée. Ils s'entendent si bien d'ailleurs nos barons, qu'un peut parler pour tous et puis, M. de Créau est l'aîné... Les autres l'écoutent.

Cette Germaine n'était, décidément, pas sotte du tout. Elle avait éventé le piège.

— Donc, les barons étaient chez eux, sur leurs domaines, lorsque l'incident eut lieu... Quand les avez-vous vus ?

— Ils se sont amenés le lendemain, comme d'habitude, puisque c'était samedi.

Mireille précisa.

— Ils sont arrivés plus tôt parce qu'ils projetaient de se rendre chez le notaire. Ils ont appris la mort de Mlle Sartilly en arrivant à Rodez.

Il parut à Léonce qu'elles en rajoutaient trop. Les messieurs se seraient-ils trouvés, cette nuit-là, en ville ? Le policier ne croyait pas que ces femmes fussent coupables, mais il avait le sentiment qu'elles mentaient. Pourquoi ? pour protéger M. de Créau ?

Cernil se leva.

— Eh bien ! mesdames, je ne veux pas vous retenir plus longtemps et je vous remercie de votre coopération.

Inquiète, Suzanne souligna un peu naïvement :

— On vous a dit que la vérité.

Il lui adressa un sourire amical.

— Je n'en doute pas... Seulement, voyez-vous, il y a quelque chose que j'aimerais comprendre. Comment est-il possible que M. de Créau, se trouvant sur ses terres,

ait pu appeler Mlle Sartilly pour lui demander de venir
au « Trois Cassoulets » aussitôt, afin d'y recevoir vos
excuses ?

— C'est un mensonge !

— Pourtant, Mlle Sartilly en a averti elle-même sa
cousine en revenant du téléphone où on l'avait appelée.
Elle a assuré à Mme Valfroicourt que son interlocuteur
était M. de Créau.

— Elle mentait !

— Dans quel but ?

— Est-ce que je sais ?

— L'ennuyeux, c'est que moi, il faut que je sache et je
vais m'y employer. A propos, quand me serait-il possible, à votre avis, de rencontrer ces messieurs ?

Une fois encore, plus prompte que ses compagnes,
Germaine proposa :

— Nous dînons tous ensemble, demain soir, chez
M. de Fourmage, rue de l'Embergue. Mireille fera la
cuisine avec Suzanne. Voulez-vous vous joindre à
nous ?

— Avec plaisir.

— Alors, à huit heures ?

— Entendu. Vous voudrez bien prévenir vos amis. Je
ne souhaiterais pour rien au monde, gâter votre réunion
par une présence inopportune.

— Soyez tranquille. Je suis persuadée qu'ils seront
très heureux de vous voir.

— Rien n'empêche de le supposer, n'est-ce pas ? Bonsoir, mesdames et encore merci.

-:-

Le pas du commissaire résonnait entre les façades des
maisons silencieuses bordant les rues désertes. Léonce
s'offrit un détour par la vieille ville avant de regagner

l'hôtel Brossy. Pas un passant, pas une ombre d'amoureux surpris. Cernil avait le puéril sentiment que Rodez
tout entier lui appartenait en cet instant privilégié. Il
avait aimé la confession de Germaine. Sans doute trois
braves filles pour qui la vie ne s'était pas montrée très
tendre. Leur amitié leur avait permis de ne pas désespé-
rer de l'avenir. Les barons avaient été la solution inattendue et heureuse, même si elle ne cadrait pas tout à
fait avec la morale bourgeoise. Sûrement de braves
petites bonnes femmes qui resteraient fidèles à leurs
compagnons, ne serait-ce que par reconnaissance. Pourquoi cette enquiquineuse de Sartilly prétendait-elle les
empêcher de vivre à leur guise ? Méchanceté ? Fana-
tisme ? Jalousie ? Besoin de se faire remarquer, d'obliger
les gens à lui prêter attention ? Léonce l'ignorait et,
comme chaque fois qu'il lui était donné de rencontrer
une femme moralement monstrueuse, il se réchauffait au
souvenir de Marguerite, de sa Marguerite si droite, si
franche, si honnête. Avant de se mettre au lit, il tint à lui
écrire pour lui expliquer, une fois de plus, à quel point il
l'aimait.

-:-

Cernil terminait sa toilette matinale, lorsque le téléphone sonna. On le prévenait qu'une dame, dans le hall
de l'hôtel, désirait lui parler.

— Vous a-t-elle donné son nom ?

— Une seconde, je vous prie.

Il perçut un échange de mots qu'il ne put comprendre,
puis sa correspondante revint en ligne.

— Mme Vallica... Germaine Vallica.

— Qu'elle ait l'obligeance de m'attendre, je descends
dans cinq minutes.

Il raccrocha, perplexe. Que pouvait bien lui vouloir

Germaine ? Etait-ce la peur ou la ruse qui motivait cette
démarche insolite ? et d'abord, comment savait-elle qu'il
logeait à l'hôtel Brossy ? quelqu'un — demeuré dans
l'ombre — avait-il imposé cette entrevue à la jeune
femme ? Le policier se méfiait. Tout en nouant sa cra-
vate, il se répétait que derrière le meurtre de Monique
Sartilly, tout un petit monde grouillait, qui ne souhaitait
pas être dérangé. Or, le métier du commissaire consistait
essentiellement à déranger.

En voyant Germaine, Léonce eut le sentiment de se
trouver en présence d'une employée de magasin identique à toutes ses consœurs. Il n'y avait rien, dans son
apparence qui sortît de l'ordinaire. Banale et rassu-
rante.

— Bonjour, madame.

— Bonjour, monsieur le Commissaire. Pardonnez-moi
de vous importuner en venant vous relancer ici.

— Qui vous a dit où j'habitais ?

Elle eut une moue amusée.

— A Rodez, il est difficile de garder un secret, même
sans importance.

— Vous avez à me parler ?

— Sans cela, je ne vous ennuierais pas.

Le policier se mordit la lèvre. Il ne devait pas lui
laisser la direction des opérations.

— Voulez-vous me suivre.

Il l'emmena dans le salon que l'heure encore matinale,
privait de ses occupants habituels. Il l'installa dans un
fauteuil et prit place en face d'elle.

— Je vous écoute.

— Monsieur le Commissaire, est-ce que vous allez
nous faire des misères à mes amies et à moi ?

Sur l'instant, la question déconcerta Cernil.

— Des misères ?

— Est-ce que vous avez l'intention de vous mettre avec les autres, contre nous ?

— Curieuse idée ! Je cherche un ou une criminelle, un point c'est tout et c'est contre celle-là ou celui-là que je serai, où qu'elle — ou il — se cache. Je ne suis pas venu, madame, pour épouser des querelles partisanes dont je me moque totalement. Qu'est-ce qui vous a permis de supposer le contraire ?

— Je ne sais pas... Nous avons tellement l'habitude de voir les gens se liguer contre nous, du moins ceux qui appartiennent au-dessus du panier... les riches... les fonctionnaires... les personnalités, quoi ! On dirait que notre seule présence menace l'ordre établi, leur ordre...

Il la devina sur le point de pleurer et il se sentit attiré vers cette femme intelligente, inquiète et qui s'exprimait bien.

— Madame, si ni vous, ni vos amies, n'avez quoi que ce soit à voir dans la mort de Mlle Sartilly, ne vous faites aucun souci. J'ajouterai que si l'une d'entre vous sait quelque chose sur le crime, vous auriez intérêt à me le confier au plus tôt.

Germaine secoua la tête.

— J'ignore tout de ce meurtre que je ne comprends pas. Si Suzanne ou Mireille étaient au courant, elles me l'auraient dit. Elles sont incapables de garder un secret.

— Tandis que vous ?

— Moi ? je crois que je me tairais s'il le fallait.

— J'en suis persuadé.

— Monsieur le Commissaire, il faut nous laisser tranquilles.

— Si je le peux...

— Pour quelles raisons ne le pourriez-vous pas ?

— Voyons, madame, mettez-vous à ma place. Mlle Sartilly s'est rendue au « Trois Cassoulets » avec

l'idée arrêtée, semble-t-il, d'y susciter un scandale. Elle y
réussit au point qu'elle reçoit immédiatement son salaire
sous forme d'une gifle que lui administre Suzanne Montenay. De plus, cette dernière menace sa victime de lui
tordre le cou. Or, on devait, effectivement lui tordre le
cou quelques instants plus tard. De plus, Mlle Sartilly a
été attirée dans le piège devant lui coûter la vie par
quelqu'un qui a prétendu être le baron de Créau, amant
de Suzanne Montenay. Vous ne pensez pas que c'est
beaucoup plus qu'il n'en faut pour m'obliger à m'intéresser à votre amie ?

— Pas si vous la connaissiez... Vous devez m'écouter
et me croire, monsieur le Commissaire... Suzanne est
incapable de tuer qui que ce soit... Sans doute est-elle
violente et sous le coup de l'émotion, elle peut se laisser
aller à frapper, mais pas en dehors de la colère du
moment... Il eût été possible qu'elle fracassât le crâne de
son ennemie avec le plat contenant le cassoulet et qui est
en grès, mais pas de sang-froid, je vous le répète.
Suzanne est une bonne grosse. Elle se laisse posséder par
tous ceux qui parlent bien. Elle est très sensible aux
mots. C'est sa vraie faiblesse. Elle perd la tête dès qu'on
lui roucoule des serments. Moins maintenant, pour être
juste. Les soupirants se font plus rares.

— Ses relations avec M. de Créau ?

— Deux vieux époux. Elle le respecte. Je crois qu'il
l'aime beaucoup. Pas au point, cependant, de tuer pour
elle.

— Et Mireille ?

— Mireille ? elle a trouvé le compagnon qu'il lui fallait avec M. de Fourmage. Tous deux ignorent la passion et leur commune tendresse est rivée au sol. Ils
communient dans un goût partagé pour les réalités
concrètes de l'existence. Ils sont capables de discuter

pendant des heures sur la valeur pratique de tel ou tel produit.

— Madame, puis-je me permettre de vous exprimer mon étonnement devant votre façon de vous exprimer ?

— Elle vous choque ?

— Elle me surprend et, ma foi oui, m'intimide.

— Autrefois, j'ai passé mon bachot et j'ai beaucoup lu depuis.

— Parlez-moi de vos rapports avec M. de Harna ?

— J'imagine que des trois, nous formons le couple le plus vrai, je veux dire le plus uni. Peut-être parce que nous sommes, lui et moi, les plus jeunes ? Mais, nous nous aimons... Je veux vous confier quelque chose, monsieur le Commissaire, mais vous n'en parlerez à personne : s'il ne craignait que ses amis ne l'accusent de trahison, Dominique m'aurait déjà demandé de l'épouser.

-:-

La jeune femme était partie depuis longtemps et Cernil demeurait sous l'emprise de son charme qui lui semblait fait de droiture et de simplicité. Mais jugeait-elle bien celles et ceux qui l'entouraient ? Sa tendresse pour les uns et les autres ne lui masquait-elle pas la vérité de visages qu'elle se figurait connaître ? Quelle que soit la sympathie que Germaine lui inspirait, le policier était bien décidé à n'ajouter foi qu'à ce dont il aurait, lui-même, établi le bien-fondé.

Au vrai, Léonce ne savait plus trop par quel bout attaquer le problème qu'il était chargé de résoudre. Il devait téléphoner à Montpellier, mais pour dire quoi ? Il remit à un autre moment son rapport oral au commissaire divisionnaire du S.R.P.J. et partit se promener, mé-

thode qui lui était chère lorsqu'il se sentait un peu perdu
et ne parvenait pas à trouver le petit bout de fil conducteur, qui lui permettait d'orienter son enquête.

Bien qu'il n'eût rien d'un athlète, Léonce adorait la
marche. Il prétendait que cet exercice lui aérait l'esprit.
Il arrivait souvent que sa pensée se mît au rythme de ses
pas et qu'entraînée par cette cadence ordonnée, sa
réflexion suivît un chemin sans heurt débouchant sur des
hypothèses intéressantes. Ce matin-là, cependant, le
miracle tardait à se produire. Il avait déjà parcouru le
boulevard d'Estournel, celui de Belle-Isle, celui de la
République et était engagé sur le boulevard Denys-
Puech, lorsqu'un vieillard venant à sa rencontre, le
salua :

— Bonjour, monsieur le Commissaire.

Surpris le policier s'arrêta et, sans grande conviction,
rendit son salut à cet inconnu qui lui dit aimablement :

— Vous ne me remettez pas, sans doute ?

— Ma foi...

— Ne vous excusez pas, nous n'avons pas encore été
présentés... Maître Pratviel, ancien bâtonnier, à la retraite depuis de nombreuses années... Je vous ai vu à
l'hôtel Brossy. Naturellement, j'ai tout de suite deviné
qui vous étiez et, dès lors, il n'était pas difficile de comprendre les raisons de votre présence à Rodez. Me permettez-vous de faire quelques pas en votre compagnie ?

— Avec plaisir.

Comme s'il lisait dans les pensées du commissaire, le
vieil homme précisa :

— Ne craignez rien. Je n'ai pas l'intention de vous
interroger sur vos investigations. Je n'ignore pas ce
qu'est le secret professionnel et pour cause, mais j'estime
qu'habitant Rodez depuis toujours, je suis peut-être à
même de vous aider à en comprendre la mentalité. Si

vous le pensez aussi, posez-moi des questions, je m'efforcerai d'y répondre de mon mieux.

— Eh bien ! maître, puisque vous m'offrez si obligeamment votre concours, parlez-moi, s'il vous plaît, des trois barons.

— Ah ! les barons... Savez-vous qu'ils sont depuis plus de vingt ans, le sujet inépuisable des conversations bourgeoises dans les salons ruthénois ? On les blâme pour leur égoïsme de célibataires et on les envie pour leur liberté qu'ils ont su sauvegarder. Ils ont pour ennemies les mères de famille dont ils ont déçu les espérances, et pour alliés, tous les maris qui s'ennuient auprès de leurs vertueuses épouses. Ce sont, tous trois, des esprits de qualité. Ils font valoir leurs domaines respectifs et s'accordent hebdomadairement les distractions que vous savez. De plus, ce sont des lettrés dont nous lisons, parfois, avec le plus vif intérêt, les avis ou commentaires dans nos journaux, sur un point débattu d'histoire locale ou de jugement littéraire. En bref, d'excellents compagnons et je suis fier qu'ils m'honorent tous trois de leur amitié.

L'ancien bâtonnier se tut un instant, avant d'ajouter :

— Me permettez-vous un conseil, monsieur le Commissaire ?

— Je vous en prie.

— N'allez pas chercher l'assassin de Mlle Sartilly de ce côté-là, vous commettriez une erreur grossière.

Cernil ne répondit pas. Il avait l'expérience de ces hiérarchies provinciales âprement défendues par des gens qui, en toute bonne foi, se persuadaient que la naissance, la position sociale, la sympathie s'affirmaient les preuves suffisantes d'une innocence perpétuelle. Il préféra faire bifurquer l'entretien sur une voie différente.

— Je ne vous demanderai pas, maître, de m'éclairer

sur la personnalité de la victime. On m'a beaucoup raconté déjà sur ce sujet et je dois convenir que les opinions concordent : une vieille fille ne permettant pas à ses contemporains de l'avoir laissée vieille fille.

— ... et toujours disposée à embêter son prochain. En vérité, je ne vois pas qui sa disparition pourrait chagriner à part les Valfroicourt dont elle était la cousine.

— J'ai rencontré les Valfroicourt... Ils me sont apparus très différents l'un de l'autre, sans que je puisse, pour autant, établir mon opinion très nettement à leur sujet.

— Il y a peu à penser d'Antoine parce qu'il n'est rien. Il a été un joli garçon qui a réussi à épouser une très riche héritière fort naïve. Malheureusement pour lui, Hélène Valfroicourt qui, je le crois, ne s'est jamais consolée d'avoir renoncé à la vie religieuse pour se marier, est terriblement à cheval sur les principes. Elle aime son mari, mais ce dernier sait qu'elle ne lui pardonnerait pas une incartade, ce qui l'oblige à mener une vie exemplaire. Il est cependant assez intelligent pour admettre qu'une existence dorée est préférable à des aventures sans lendemain. Alors, il promène un ennui distingué à travers Rodez, laissant à ses clercs le soin d'entretenir la réputation de l'étude et retrouvant le soir une femme fort attirante, mais qui l'astreint à faire maigre le vendredi, le prive de tout pendant le Carême et qui juge que l'amour platonique est bien suffisant pour démontrer sa tendresse conjugale.

— Pardonnez-moi cette réflexion, maître : si j'en dois juger par les comportements similaires de Mᵉ Valfroicourt et de M. Payrac, son secrétaire, il semblerait qu'à Rodez, on attache un prix particulier aux riches héritières sans trop se soucier de leur physique ou de leur mentalité ?

L'ancien bâtonnier eut un rire bref.

— Ne pensez-vous pas que les hommes soient aussi

méprisables un peu partout ? Je constate que vous êtes
au courant des amours du jeune Payrac et de Désirée
Busloup, la plus belle dot de Rodez.

— Pour ne rien vous cacher, maître, je vous dirais que
l'attitude de ce Payrac m'intrigue énormément. Il passe
pour intelligent et demeure au service d'un Valfroicourt
dont chacun s'accorde pour admettre qu'il est un
médiocre ; il courtise une jeune fille riche mais très
laide ; enfin, il se veut le chevalier servant d'une vieille
fille, son aînée, sans un sou et presque aussi laide que la
riche héritière. Avouez qu'il y a de quoi se poser beaucoup de questions ?

— Sans doute... Je vous propose, cependant, une
explication : Payrac est, à la fois, un timide et un ambi-
tieux, ce qui explique son attachement à Valfroicourt
qui lui ressemble. Il aime l'argent et compte sur celui des
Busloup pour devenir un second Valfroicourt, mais
manquant de caractère, il a été subjugué par Mlle Sartilly qui, elle, n'en manquait pas. Faible, il n'osait pas
rompre le joug qu'elle lui imposait, en tout bien tout
honneur, j'en suis persuadé. Naturellement, ce n'est
qu'une interprétation de mouvements dont le sens profond nous échappe.

Les deux hommes étaient arrivés à la place d'Armes
où ils se séparèrent, enchantés l'un de l'autre et se pro-
mettant de se revoir.

-:-

Ne tenant pas à mettre qui que ce soit au courant de
démarches qui pouvaient n'être que des pas de clerc,
Léonce découvrit l'adresse des Busloup sur l'annuaire du
téléphone et s'y rendit, résolu à avoir une conversation
très franche avec cette Désirée qui lui avait beaucoup
plu lors de leur rencontre.

Il fut reçu par une vieille femme. Elle lui demanda ce qu'il voulait et parut fort étonnée de ce qu'un monsieur d'âge mûr souhaitât parler à Mlle Désirée. Ne cherchant pas à dissimuler sa méfiance vis-à-vis de l'intrus, elle l'introduisit dans un salon confortable et déclara :

— C'est de la part ?

— Commissaire Cernil.

— Je vais prévenir Madame.

— Je vous demande pardon, c'est Mlle Busloup que je suis venu voir.

Elle répliqua d'un ton sec.

— Je dois d'abord aviser Madame.

Sur ce, elle abandonna le visiteur contraint de penser qu'il y avait encore des maisons où subsistait le vieil ordre de jadis.

Mme Busloup en imposait. Tout en elle affirmait une richesse sûre d'elle-même et à l'abri des aléas de l'avenir. On devinait, dans cette bourgeoise, une fondatrice de dynastie. A la surprise du commissaire, malgré une quarantaine légèrement couperosée, elle était belle et ne pouvait donc être tenue pour responsable de la disgrâce physique de son enfant. Léonce estima que M. Busloup devait avoir un de ces visages qu'on ne peut accepter qu'avec énormément d'argent autour.

La mère de Désirée toisa Cernil qui la saluait et dit avec infiniment de froideur :

— Il paraît, monsieur, que vous avez demandé à voir ma fille ?

— En effet, madame.

— Puis-je savoir à quel titre ?

— Au titre de commissaire de la Police Judiciaire.

Mme Busloup eut un haut-le-corps.

— Qu'est-ce que Désirée peut bien avoir à faire avec la police ?

— J'enquête sur le meurtre de Mlle Sartilly.

— Je n'imagine pas que vous supposiez ma fille coupable ?

— Evidemment non, mais Mlle Busloup connaissait la victime et était assez liée, paraît-il, avec M. Payrac...

— N'exagérons rien, je vous en prie ! Asseyez-vous, monsieur le Commissaire... Voyez-vous, c'est moi qui étais entrée en relation avec Mlle Sartilly à l'Ouvroir Sainte-Marguerite. Elle m'avait plu pour le courage avec lequel elle défendait les anciens idéaux des familles chrétiennes, idéaux attaqués de toutes parts aujourd'hui. Elle s'est prise de sympathie pour moi et pour Désirée... Vous connaissez ma fille, monsieur le Commissaire ?

— J'ai ce plaisir, en effet, madame.

— Alors, comprenez le chagrin d'une mère obligée de vous dire que notre pauvre Désirée est... plus belle moralement que... que...

Léonce se porta au secours de son interlocutrice.

— Je vous comprends parfaitement, madame.

— Merci. Donc, je me suis ouverte à Mlle Sartilly des difficultés que nous rencontrions, mon mari et moi, pour caser notre enfant en dépit de sa dot. Elle s'est alors proposée pour nous venir en aide et c'est ainsi que quelques mois plus tard, elle nous a présenté le jeune Payrac qui nous a fait très bonne impression et qui, tout de suite, a bouleversé notre Désirée. Oh ! je me doutais que notre fortune n'était pas pour peu dans l'empressement que montrait ce garçon auprès de notre enfant, mais nous avions accepté cette éventualité depuis longtemps. Seulement, il doit s'être passé quelque chose d'inattendu... Je n'ai pas eu de confidence de ma fille à ce sujet et j'en suis réduite aux conjectures. Quoi qu'il en soit, il semblerait que Mlle Sartilly ait eu, tout d'un coup, l'idée de garder M. Payrac pour elle. Je n'aurais jamais pensé qu'une pareille personne manquât à ce point de pudeur ! A qui se fier dans ce monde

détraqué ? Et que penser de ce garçon s'affichant avec
une femme plus âgée que lui et qui n'a même pas
l'excuse d'être riche !

— C'est justement ce que je souhaiterais demander à
mademoiselle votre fille, madame.

Décontenancée, Mme Busloup s'étonna :

— Elle ne saurait vous en dire plus que je ne vous en
ai dit !

— J'aimerais connaître son opinion sur la mentalité
de M. Payrac.

— Mais...

— Je vous en prie, madame.

De fort mauvaise grâce, la maîtresse de maison sonna
la domestique qui avait introduit le policier.

— Agathe, prévenez Mademoiselle que Monsieur...
Monsieur ?

— Annoncez simplement mon titre.

— Bon... eh bien ! que monsieur le Commissaire
l'attend au salon.

La servante disparue, Mme Busloup s'enquit avec
beaucoup d'aigreur.

— Je ne pense pas que vous teniez à ce que j'assiste à
l'entretien ?

— Il serait préférable que je demeure en tête à tête
avec Mlle Busloup.

— Dans ces conditions...

Elle se leva, imitée par le visiteur.

— Bonjour, monsieur le Commissaire.

— Mes hommages, madame.

La mère de Désirée sortit en redressant fièrement le
buste. A peine l'auteur de ses jours s'était-elle éloignée
que Désirée pénétra dans le salon.

— C'est vrai que vous voulez me parler, monsieur le
Commissaire ?

— Si vous acceptez de bavarder avec moi sans
contrainte.

— Volontiers... Vous avez été si gentil...

— Ce qui prouve, mademoiselle, qu'on peut être, à la
fois, gentil et sincère... Avez-vous rompu définitivement
avec M. Payrac ?

— Je le crois, oui... Je... je lui ai rendu sa liberté.

— Pourquoi ?

— Parce que le désarroi où l'a plongé la mort de
Mlle Sartilly prouve un attachement que je ne saurais
admettre !

— Mademoiselle, pardonnez-moi cette question qui
scandaliserait madame votre mère, si elle l'entendait...
Pensez-vous que Mlle Sartilly était la maîtresse de
M. Payrac ?

— Comment expliquer son attitude autrement ?

— Mademoiselle, vous avez fréquenté M. Payrac suffisamment pour le connaître... De quelle façon interpré-
tez-vous son attachement à Mlle Sartilly ?

— J'ai beaucoup réfléchi à cette question et j'en suis
arrivée à la conclusion suivante : Monique était une
femme résolue, au caractère dominateur... Je pense
qu'au début, elle a voulu me venir en aide... Une sorte
de confraternité des filles laides... Et puis, elle a dû se
dire que ce qui était possible pour moi devait l'être pour
elle... Je... je crois qu'elle est devenue la maîtresse
d'Edmond un peu par... par surprise et qu'à partir de ce
moment-là, elle l'a tenu... Peut-être attendait-elle un
enfant ?

— L'autopsie l'aurait révélé. Pour quelles raisons, à
votre avis, M. Payrac continuait-il à vous fréquenter si
son cœur était pris ailleurs ?

— Je l'ignore... Ce... ce n'est pas un garçon très cou-
rageux... Il redoutait le scandale... Parfois, je me dis que

c'était moi qu'il aimait, mais qu'il n'avait pas la volonté de rompre...

Elle eut un pauvre sourire.

— Au fond, je crois que je me raconte cela pour me consoler.

— L'aimez-vous encore ?

— Il était mon premier amour... un amour inespéré... Il m'a embrassée. Maintenant, je n'aurai plus jamais personne à aimer.

-:-

Cernil avait invité son collègue Aulas à déjeuner en sa compagnie à l'hôtel Brossy. On les avait installés à une petite table, au fond de la grande salle à manger. Ils étaient suffisamment éloignés des plus proches clients du restaurant pour pouvoir converser à leur aise sans redouter les oreilles indiscrètes. Léonce mit le commissaire ruthénois au courant de sa démarche de la veille au « Trois Cassoulets » et de sa visite aux Busloup. Il omit de lui parler de l'entretien qu'il avait eu avec Germaine et de sa rencontre avec l'ancien bâtonnier. Il craignait de le vexer en lui donnant l'impression de chercher ailleurs des renseignements qu'il était certain de pouvoir lui fournir. Lorsque Léonce eut achevé son récit, le commissaire Aulas donna son avis :

— Pour moi, la petite Busloup tente de masquer sa déception en trouvant des excuses à celui qui l'a laissé tomber. Payrac savait ce qu'il faisait, même si vous ne comprenons pas ses goûts. Comme vous, je ne pense pas que les « dames » soient dans le coup, mais pour l'heure, tout accuse M. de Créau, quoique nous n'ayons aucune preuve susceptible d'amener son arrestation. C'est un homme d'un autre temps. Il a pu considérer que l'affront fait à une femme qu'on savait être sa maîtresse, était une injure qui lui était directement infligée. Il a pu encore vouloir se venger. D'ailleurs, pourquoi l'assassin — si ce n'est pas M. de Créau — aurait-il cru nécessaire de donner le nom de ce dernier ?

— Pour arriver à ce à quoi vous êtes arrivé, mon cher : détourner les soupçons sur un autre.

— Un peu trop machiavélique, vous ne croyez pas ?

— En matière de crime, rien ne peut plus me surprendre.

Au dessert, cependant, M. Aulas convint que la personnalité de Payrac apparaissait comme la plus déconcertante et il approuva Cernil de vouloir se rendre à Espalion sitôt son café bu.

-:-

Cernil prit un plaisir extrême à parcourir à petite allure les trente-deux kilomètres séparant Rodez d'Espalion. Il s'arrêta longuement près des ruines du château de Calmont-d'Olt pour admirer le panorama sur Espalion et sur l'Aubrac, plateau qu'il avait eu, jadis, l'occasion de traverser à l'automne et dont il gardait un souvenir impressionnant.

Dans Espalion, Léonce s'offrit d'abord un tour de ville, remonta le boulevard Joseph-Poulenc, traversa le Lot sur le pont Neuf, s'engagea dans le boulevard Guizard et s'arrêta devant l'hôtel Moderne où il commanda un digestif. Au garçon qui le servait, il demanda s'il connaissait Edmond Payrac.

— M. Edmond ? Je pense que je le connais !... Nous étions à l'école primaire ensemble... Seulement, lui, il a réussi et moi, pas. Il est vrai qu'il était plus intelligent et d'un autre milieu... Ses parents ont toujours été des bourgeois et ça compte, pas vrai ?

— Hélas !... Les Payrac sont donc des gens riches ?

— Ils l'ont été surtout, mais depuis la guerre, les grosses maisons leur ont porté un sale coup... Maintenant, j'ai l'impression qu'ils sont en sursis...

Le policier se dit que les millions des Busloup auraient été bien_utiles. Pourquoi diable, Edmond ne les avait-il pas pris alors qu'on les lui offrait ?

— Vous ne savez pas où je pourrais rencontrer Edmond Payrac ?

— Maintenant ?

— Oui.

— Je l'ai vu passer, il n'y a pas un quart d'heure... Il devait revenir du Central, avenue de la Gare, où il rencontre ses amis quand il est à Espalion. Avec ce beau temps, je serais pas étonné qu'il soit en train de jouer au tennis sur l'Esplanade du Foirail, tout près de chez lui, quoi.

-:-

Cernil n'eut aucune peine à deviner qui était Payrac, dans les deux joueurs qui s'affrontaient sous les yeux intéressés de trois ou quatre gamins. Le policier attendit paisiblement la fin de la partie et, au moment où Edmond, après avoir serré la main de son adversaire, passait devant lui, une serviette-éponge autour du cou, pour gagner sa demeure sise à une centaine de mètres de là, il demanda à haute voix :

— Monsieur Payrac ?

Le jeune homme s'arrêta net et, surpris, regarda son interlocuteur qui insistait :

— Monsieur Edmond Payrac ?

— Oui, à qui ai-je l'honneur ?

— Commissaire Cernil de la Police Judiciaire.

Les paupières d'Edmond battirent rapidement.

— Que voulez-vous de moi, monsieur ?

— Je suis venu exprès de Rodez pour vous le confier. Mais, je vous en prie, ne prenez pas froid. Allez vous changer. Je reste là.

— Vous ne désirez pas entrer chez mes parents ?

— Ma visite serait difficile à expliquer sans les effrayer... Les préjugés, n'est-ce pas ?

— Je vous remercie. Je reviens tout de suite.

Payrac courut jusqu'à la demeure familiale où Léonce le regarda s'engouffrer. Sympathique, ce garçon, avec pourtant, quelque chose d'irrésolu dans le visage. Sûrement pas un homme d'action. S'il avait étranglé Mlle Sartilly, il fallait qu'il fût vraiment hors de lui.

Edmond tint parole et il ne s'était pas écoulé plus d'un quart d'heure avant qu'il ne soit de retour, le cheveu encore humide de la douche prise à la hâte.

— Excusez-moi, je me suis dépêché autant que je l'ai pu.

— Vous savez, monsieur Payrac, l'essentiel de mon métier est la patience. Où allons-nous ?

— Où vous le désirerez.

— Je pense que le mieux serait de nous promener le long du Lot. Nous ne serons pas dérangés et nous pourrons parler librement et... discrètement.

Cernil attendit d'avoir dépassé la plage pour dire :

— Ma visite vous surprend-elle ?

— Un peu, mais pas trop... C'est au sujet de Mlle Sartilly, naturellement ?

— Naturellement. Voulez-vous me raconter ce qu'il s'est passé au « Trois Cassoulets », le soir où elle a été assassinée ?

Payrac fit au policier un récit en tout point identique à celui de Suzanne et il ajouta :

— Quand nous avons été dehors, j'ai tenté de la calmer. Peine perdue. Elle était dans un état épouvantable. Elle m'a injurié, affirmant entre autres que je n'étais pas

un homme et qu'elle me ferait payer cher mon manque
de courage. Comme je prétendais la raccompagner place
du Bourg, elle m'a sommé de disparaître de sa vue tant
je l'écœurais et a ajouté que tout le monde, dès le
lendemain, allait apprendre à la connaître.

— Savez-vous ce qu'elle entendait par là ?

— Ma foi, non.

— Vous n'avez pourtant pas cru que c'était des
paroles en l'air ?

— Non. D'ailleurs, en rentrant chez moi, j'ai téléphoné à Mᵉ Valfroicourt pour le mettre au courant.

— Quelle a été sa réaction ?

— Il s'est mis à rire en me disant qu'il espérait bien
que ce dernier incident ouvrirait les yeux de sa femme
qui est la discrétion même, le contraire de la vulgarité.

— Ça, c'est vous qui l'ajoutez, j'imagine ?

— Oui, pour vous montrer que Mᵉ Valfroicourt
n'avait pas tort de penser que son épouse prendrait très
mal l'incartade de sa cousine.

— Vous vous faisiez des illusions, tous les deux. Monsieur Payrac, est-ce vous qui avez tué Mlle Sartilly ?

— Grands dieux, non !

Le policier se tut durant quelques instants puis
demanda brutalement :

— Vous êtes riche, monsieur Payrac ?

La question prit le jeune homme au dépourvu.

— Beaucoup moins qu'on ne le croie.

— Assez pour acheter une étude importante ?

— Plus maintenant... Les affaires de mon père ne
vont pas très fort et dans ces histoires-là, quand on ne
gagne plus d'argent, on en perd beaucoup et vite.

— Dans ce cas, pourquoi monsieur votre père
s'entête-t-il ?

— L'orgueil.

— Vous souhaitez devenir notaire à ce qu'on m'a rapporté ?

— En effet.

— Dans ces conditions, pour quelles raisons avez-vous refusé les millions de Mlle Busloup qui vous eussent permis, j'en suis convaincu, de vous acheter une belle étude ?

— Ceci me regarde !

— Pas seulement vous, monsieur Payrac. Quand il est question de meurtre, nous n'acceptons plus les secrets, la vie privée, en bref, tout ce qui, d'ordinaire, constitue un domaine où chacun est seul maître. Je répète donc ma question : pourquoi avez-vous quitté Mlle Busloup alors que vous lui faisiez la cour ?

— Parce que... parce que je me suis aperçu que... que je ne l'aimais pas.

— Et que vous en aimiez une autre ?

D'une voix sourde, le jeune homme en convint.

— Mlle Sartilly ?

Payrac ne répondit pas et les deux hommes couvrirent une centaine de mètres avant que le policier ne reprît la parole.

— Vous mentez, monsieur.

— Je ne vous permets pas de...

— Cessez de jouer les idiots et de me prendre pour un imbécile ! Je ne sais si vous aimiez Désirée Busloup — pourtant, je serais assez enclin à le croire car cette jeune fille est quelqu'un de très bien moralement et elle semble vous adorer — mais ce dont je suis sûr c'est que vous n'aimiez pas Mlle Sartilly, énergique sans doute, mais aussi laide que Mlle Busloup, plus âgée qu'elle et pauvre.

— Je vous affirme que...

— Taisez-vous ! Vous commencez à m'exaspérer avec vos mensonges puérils ! Donc, du moment que vous ne

pouviez avoir aucun attachement amoureux pour
Mlle Sartilly, quelles raisons vous obligeaient à vous
faire son chevalier servant ?

Payrac ricana :

— J'aimerais les connaître, en effet, ces raisons !

— Elles se résument en une seule : elle avait barre sur
vous. Pourquoi, monsieur Payrac ? Qu'avez-vous fait
dont elle était au courant et qu'elle menaçait de révéler ?

— Vous êtes fou !

— Etait-ce donc si grave, monsieur Payrac pour que
vous ayez été obligé de la tuer afin de lui imposer
silence ?

Edmond s'immobilisa, ouvrit spasmodiquement la
bouche à plusieurs reprises avant de pouvoir articuler.

— De... de la démence ! c'est de... de la démence !

— De la logique, tout simplement. Pour une raison
que j'ignore, vous étiez contraint d'obéir à Mlle Sartilly.
Vous ne saviez de quelle façon vous débarrasser de cette
emprise qui vous pesait et vous obligeait à rompre avec
Mlle Busloup et ses millions. Vous faisiez rire Rodez
avec vos mines de chien battu. On se moquait de vos
apparentes amours avec la demoiselle acariâtre. C'est
alors qu'eut lieu l'incident au « Trois Cassoulets » dont
vous avez partagé le ridicule. Voilà la goutte d'eau qui
fit déborder le vase. Lorsque Monique Sartilly vous eut
congédié, vous avez décidé d'en finir. Vous avez prévenu
Mᵉ Valfroicourt pour lui apprendre le scandale et que
vous rentriez vous coucher. Vous vous faites passer pour
M. de Créau parce que c'est le nom qui vous vient
spontanément à l'esprit puisqu'il s'est agi de Suzanne.
Vous lui demandez de se rendre au restaurant. Vous
l'attendez, j'ignore où, je ne sais comment vous l'attirez
passage des Maçons, mais ce dont je suis certain, monsieur Payrac, c'est que vous avez étranglé la vieille fille
autoritaire. Pourquoi ?

Cernil se rendit compte que son interlocuteur était en perdition. La sueur perlait à ses tempes, il serrait ses mains l'une contre l'autre, avait de la peine à déglutir. C'était le moment de porter l'estocade.

— Monsieur Payrac, je vais vous demander de revenir avec moi à Rodez pour y être officiellement interrogé dans les locaux de la police.

— Non ! non ! Je vous jure que vous vous trompez !

— Seule la vérité pourrait me convaincre, monsieur Payrac.

— Je... je vais vous... vous l'avouer. Je voulais épouser Désirée pour sa fortune et j'ai demandé à Monique de m'introduire chez les Busloup.

— Dois-je comprendre que vous étiez attiré par Mlle Busloup ?

Edmond secoua la tête.

— J'avais surtout besoin de ses millions.

— Pour acheter une étude ?

— Pour payer mes dettes de jeu.

— Ah ?

— Oui... Je suis joueur et... et j'ai perdu énormément... J'ai dû emprunter beaucoup.

— A qui ?

— A la banque Beveuge... Aristide Beveuge est le plus vieil ami de mon père.

— Où jouiez-vous ?

— A Toulouse, au cercle de l'Hippocampe.

— Ainsi, si j'ai bien compris, vous demeuriez au service de Mᵉ Valfroicourt parce que — contrairement à ce dont chacun est persuadé à Rodez — vous n'aviez pas l'argent pour vous établir ?

— Exactement.

— Dans ce cas, pourquoi rompre avec Mlle Busloup ?

— Monique l'a exigé sous peine de révéler mon vice aux Busloup.

— Que voulait-elle donc ?

— M'épouser.

— Par exemple !

— Elle estimait qu'elle n'était pas plus disgraciée que Désirée et d'une autre trempe, donc ce que Désirée pouvait obtenir, il n'y avait pas de raison qu'elle ne l'obtienne pas.

— Mais l'argent ?

— Elle se faisait fort d'en obtenir assez de sa cousine pour épouser mes dettes.

— Monsieur Payrac, je ne demanderais pas mieux que de croire à votre franchise. Seulement, vous m'avez apporté, en vous figurant vous disculper, la preuve de votre culpabilité. Vous avez tué Monique Sartilly parce qu'elle vous tenait à sa merci. Pourquoi ?

Edmond écarta les bras en un geste d'impuissance.

— Je ne peux rien vous dire d'autre. Puis-je aller saluer mes parents ?

— Monsieur Payrac, je ne vous arrête pas encore... Avant de prendre une décision, j'aime bien comprendre et dans toute cette histoire, il y a encore quelque chose que je ne comprends pas... Pour quel motif, débarrassé de la Sartilly, avez-vous rompu avec Désirée alors que le chemin vers la fortune était libre désormais ?

— Parce que Désirée m'aimait.

— Et alors ?

— Je ne me suis pas senti le courage de continuer à lui mentir. J'avais honte.

-:-

Léonce n'avait eu aucune peine à découvrir la maison que M. de Fourmage habitait rue de l'Embergue. Le

baron y était fort connu et le premier commerçant interrogé se fit un plaisir de renseigner le policier. Ce fut
Mireille qui ouvrit au commissaire. Elle était un peu la
maîtresse de maison. Lorsqu'elle eut débarrassé le nouveau venu, elle lui annonça :

— Ces messieurs sont très heureux de votre visite. Ils
vous attendent au salon.

De la cuisine — repérable aux merveilleuses odeurs
qui en arrivaient — parvinrent à Cernil les rires de
Suzanne et de Germaine, les premiers plus graves, les
seconds plus clairs. Tout, dans ce logis privilégié, respi-
rait un confort vieillot, mais réel et fort sympathique.
On devinait qu'on se trouvait chez un homme de goût,
aimant ses aises.

Lorsque Léonce entra dans le salon, les trois barons
installés dans des fauteuils se levèrent. Cernil les recon-
nut du premier coup d'œil. Le plus petit, qui était aussi
le plus gros, vint à lui.

— Monsieur le Commissaire, c'est un plaisir pour moi
que de vous recevoir et ce plaisir, je puis vous l'assurer,
est partagé par mes amis...

Il les montra l'un après l'autre.

— Monsieur de Créau... Monsieur de Harna.

A l'appel de leur nom les deux hommes s'inclinèrent.
L'invité leur rendit leur salut avant de dire :

— Croyez-moi, monsieur de Fourmage, si je vous
assure que, de mon côté, je souhaitais ardemment vous
rencontrer tous trois, car depuis mon arrivée à Rodez, je
n'entends parler que des barons.

Léonce ayant pris place, à son tour, dans un fauteuil,
et accepté un doigt d'un vieux madère servi dans une
sorte de cupule de cristal de Bohême, M. de Créau
demanda :

— Il paraît, monsieur le Commissaire, que vos collègues me soupçonnent un peu d'avoir étranglé cette

malheureuse demoiselle. Puis-je savoir si vous partagez leur opinion ?

— Monsieur, un enquêteur doit se défendre de toute idée préconçue. Tant que je n'aurai pas la preuve de votre culpabilité, je vous tiendrai pour innocent.

— Je vous en remercie.

— Vous n'avez pas à le faire. J'applique simplement les règles essentielles de mon métier.

Avec la fougue qui lui était ordinaire, M. de Harna lança :

— J'estime qu'on mène un remue-ménage bien inutile à propos de la mort de cette garce ! Je ne sais qui l'a envoyée ad patres, mais si je le connaissais, je lui serrerais volontiers la main !

Cernil sourit.

— Vous admettrez, monsieur, que je ne puisse partager ni votre opinion ni votre programme.

Ce fut au tour du bénin de Fourmage de se mêler au débat.

— Excusez notre ami, monsieur le Commissaire. Il est tout d'une pièce et a l'habitude d'appeler un chat un chat. Il est vrai que tous trois, nous détestions cette fille qui s'acharnait contre nos amies. Toutefois, nous avons été assez bien élevés pour ne point nous livrer à des démonstrations aussi grossières qu'un étranglement et puis, je crois que nous avons toujours trop aimé les femmes pour en supprimer une, fût-elle la honte de son sexe. Comment jugez-vous ce madère ?

— Excellent. Voyez-vous, messieurs, ce qui m'ennuie c'est que je n'arrive pas à deviner pourquoi l'assassin a cru bon d'emprunter le nom de monsieur de Créau.

Ce dernier répliqua :

— Pour moi, le meurtrier se trouvait au « Trois Cassoulets » quand l'incident eut lieu entre Suzanne et la Sartilly. Décidé à supprimer cette dernière, pour des raisons que j'ignore, mon nom lui est venu spontanément à l'esprit du fait que Suzanne — dont nul n'ignore qu'elle m'est très chère — était mêlée à l'affaire. Je dois ajouter que cet individu est un rustre et sûrement pas de mes amis. Monsieur le Commissaire, je n'entends pas prononcer un plaidoyer, mais si vous me connaissiez mieux, vous seriez convaincu d'abord que j'ai passé l'âge de jouer les spadassins ou les justiciers, ensuite que j'attache trop peu d'importance aux gestes de mes semblables, pour avoir l'idée d'en tuer un particulièrement.

Ironique, le policier s'enquit :

— Dois-je entendre que vous seriez plutôt acquis à l'idée d'une hécatombe ?

— Je reconnais que si j'en avais les moyens, je renverrais volontiers l'humanité entière au néant dont elle n'aurait jamais dû sortir.

— Misanthrope ?

— Même pas. Indifférent à tout, sauf à l'amitié vraie, à la musique et à la bonne chère.

— Et l'amour ?

— De temps à autre et à une condition : de ne jamais lui demander plus qu'il ne peut donner. Pour mieux vous faire saisir ma pensée, monsieur le Commissaire, j'estime qu'Othello est un foutu imbécile, si vous me permettez de m'exprimer ainsi.

Léonce leva la main dans un geste d'acquiescement.

— Un autre point délicat est que Mme Suzanne a menacé Mlle Sartilly en public.

Les barons rirent paisiblement et M. de Créau précisa :

— Suzanne est méridionale. Pour elle, les mots sont des jouets et elle les accumule sans trop tenir compte de leur sens. Songez à la mère qui traite son enfant de monstre. Personne n'aurait l'idée de la croire... Eh bien !

il en est de même pour Suzanne comme pour Mireille et Germaine. Elles usent naturellement d'un vocabulaire démesuré. Il faudrait être très naïf pour y attacher la moindre signification ou la plus légère importance.

— Malheureusement, la police se montre moins compréhensive que vous semblez le supposer. Elle est contrainte de retenir tous les indices. Les menaces en sont et qui toujours impressionnent.

— Alors, tant pis pour la police.

— Pour la forme, messieurs, puis-je vous demander si la nuit du crime, vous vous trouviez à Rodez ?

— Non... Cela nous eût gênés de nous montrer lors de l'inauguration du restaurant. Nous sommes donc demeurés sur nos terres.

Comme avec les « dames » la veille et sans pouvoir s'en donner plus précisément les raisons exactes, le commissaire eut l'impression que les barons, par la voix de M. de Créau, lui mentaient.

-:-

Cernil avait passé une soirée merveilleuse, parmi des femmes charmantes, des hommes pleins d'esprit, en dégustant une chère de qualité exceptionnelle et en buvant des vins de beau lignage. Le commissaire baignait dans une euphorie totale tandis qu'il rejoignait son hôtel où, à la réception, en même temps que sa clef, on lui remit une lettre qui était arrivée par exprès. Il attendit d'être dans sa chambre pour l'ouvrir. Il fut surpris en lisant la signature : Hélène Valfroicourt.

La femme du notaire disait qu'en rangeant les papiers de sa malheureuse cousine elle était tombée sur quelque chose qui l'avait si totalement déconcertée qu'elle souhaitait en parler avec le commissaire chargé de l'enquête sur la mort de Monique Sartilly, et pour qui elle serait chez elle à n'importe quel moment de la journée.

Léonce se coucha, la joie au cœur. Non seulement, il venait de vivre rue de l'Embergue des heures qu'il n'oublierait pas, mais encore il avait le sentiment que tout allait enfin démarrer. Avant de plonger dans le sommeil, il eut le temps de souhaiter que les révélations de Mme Valfroicourt ne missent point en cause les barons et leurs amies.

CHAPITRE IV

Léonce se réveilla frais et dispos dans un matin enso-
leillé. Le temps lui durait qu'il fût une heure décente
pour se présenter chez Mme Valfroicourt. Histoire de
passer le temps, il écrivit une longue lettre à Marguerite
où il lui disait son ferme espoir d'être bientôt de retour
auprès d'elle. Après avoir pris un petit déjeuner substan-
tiel qu'il fit traîner en longueur le plus possible, le policier remonta dans sa chambre où il demanda à Montpellier, le numéro personnel de son supérieur. Lorsqu'il eut
au bout du fil le divisionnaire qui commença par s'étonner de ne pas avoir eu, plus tôt, des nouvelles de son
subordonné, celui-ci lui répondit qu'il ne voyait pas
pourquoi il aurait dépensé l'argent de l'administration
pour lui apprendre qu'il se trouvait dans le cirage. Le
divisionnaire en conclut alors que si Cernil se décidait à
l'appeler c'est qu'il avait quelque chose à lui offrir en
attendant le ou la coupable. Léonce convint qu'il se
sentait particulièrement optimiste, car il était en train de
mettre à nu le vrai visage de la victime, opération qui,
selon lui, devait le conduire à l'auteur du crime. Le

divisionnaire souhaita à son ami de ne pas se leurrer et
termina en lui déclarant qu'il espérait bien le voir termi-
ner sa mission dans la semaine s'il voulait ne pas être
tenu pour inférieur à sa réputation.

-:-

A dix heures, le commissaire sonna à la porte des
appartements particuliers des Valfroicourt. Avec un
cérémonial identique à celui de la première fois, Cernil
fut introduit dans l'univers si particulier où se complai-
sait Hélène Valfroicourt et à nouveau, il se sentit incongru dans cette atmosphère feutrée. Un vague pressenti-
ment lui donnait à penser qu'il allait devoir apporter un
trouble grave dans cette quiétude un peu hors du
monde.

— Je vous remercie, monsieur le Commissaire, d'avoir
si vite répondu à mon appel.

— Je n'ai trouvé votre lettre que cette nuit en rentrant
à l'hôtel, madame.

Hélène Valfroicourt semblait désorientée. Visiblement,
quelque chose la préoccupait.

— Monsieur le Commissaire, je ne comprends pas... et
je crains d'être dans l'obligation de réviser mon jugement
sur ma cousine Monique.

— Auriez-vous découvert un indice qui pourrait nous
mettre sur la trace de son meurtrier ?

— Non, il ne s'agit pas du tout de cela... Plus simplement, je me suis aperçue que Monique me mentait... et
j'en éprouve une peine infinie... Je n'en ai pas parlé à
mon mari... Il eût triomphé trop facilement et aurait eu
sur cette malheureuse, des réflexions que je ne tiens pas
à entendre, même si elles étaient justifiées, surtout si
elles étaient justifiées.

— Et si vous m'expliquiez calmement, madame, ce qui a pu vous bouleverser à ce point ?

— Je vous ai dit, lorsque vous m'avez rendu visite, que je gardais Monique près de moi pour la mettre à l'abri de la vie, car elle n'avait rien et n'aurait pu vivre sans mon aide.

— Je me le rappelle, en effet.

— Eh bien ! Monsieur le Commissaire, je me trompais !

— Vraiment ?

— Tenez, voilà ce que j'ai trouvé dans une valise qu'elle avait déposée au grenier.

Mme Valfroicourt tendit à Cernil ce qu'il prit d'abord pour deux grands calepins et qui se révélèrent être deux carnets de Caisse d'Epargne, soigneusement habillés de couvertures en plastique bleu et tous deux au nom de Monique Sartilly. Le premier indiquait 2 000 000 de dépôt, le second 3 500 000 francs anciens.

— Puisqu'elle possédait cette somme, pourquoi me laissait-elle croire qu'elle était complètement démunie ?

— Peut-être parce qu'elle ne pouvait vous révéler l'origine de cet argent ?

— Je ne comprends pas ce que vous entendez par là ?

— Si ces sommes provenaient d'opérations illicites, il lui était impossible de vous le confier.

— D'opérations illicites ! Monsieur le Commissaire, on voit que vous n'avez pas connu ma cousine ! Elle était incapable d'une vilenie quelconque.

— Pourtant...

— Je sais, mais à la réflexion, je suis persuadée que cet argent a été loyalement gagné par Monique. J'ignore de quelle façon, bien sûr...

— Dans ce cas, pour quelles raisons ne vous en a-t-elle pas révélé l'existence au lieu de se laisser entretenir par vous ?

— Peut-être n'a-t-elle pas osé ?

— Pas osé ?

— Elle mettait, sans doute, cet argent de côté pour se constituer une dot afin d'épouser Payrac.

— Cela, madame, ne nous dit pas d'où elle tirait ses revenus.

— Après tout, quelle importance, monsieur le Commissaire ?

— Permettez-moi de vous faire remarquer, madame, que ma présence ici indique que vous pensiez différemment hier.

— Oui, oui... En découvrant ces livrets, j'ai éprouvé une profonde déception... Mon orgueil, mon égoïsme n'admettaient pas une cachotterie qui les humiliait... Je... je pense que je me suis montée assez sottement la tête... mais vous savez ce que c'est... Quand on s'aperçoit que quelqu'un dont on croyait tout connaître... Maintenant, je me sens un peu honteuse de vous avoir dérangé pour rien, au fond.

— Pardonnez-moi, madame, mais je ne crois pas que vous soyez sincère quant à ce que vous ressentez en cet instant.

Mme Valfroicourt n'avait pas l'habitude qu'on lui parlât sur ce ton. Elle répliqua avec hauteur.

— Il me semble, monsieur le Commissaire, que vous vous oubliez ! Je ne vous retiens plus.

— Vous avez peur, madame.

— Peur ? En voilà une autre !

— Peur d'être obligée de convenir que Monique Sartilly était autre que vous ne vous le figuriez. Une femme d'une grande perversité, peut-être ?

Hélène eut un rire qui sonnait faux.

— D'une grande perversité ! pauvre Monique...

N'oubliez quand même pas, monsieur le Commissaire, qu'elle et moi, avons été élevées ensemble dans un couvent où, dans les lectures et récitations, on remplaçait encore le mot « amour » par « tambour ».

— J'imagine que depuis qu'elle était sortie du couvent, Mlle Sartilly avait eu le temps d'établir la différence entre ces deux termes. Madame, je vais vous demander la permission d'emporter ces livrets.

— Est-ce indispensable à votre enquête ?

— Indispensable. Je vous en donne décharge.

Pendant qu'il griffonnait un mot et le signait, son hôtesse lui demandait d'une voix gênée :

— Si la chose est possible, monsieur le Commissaire, ne parlez pas de cet incident à mon mari. Il triompherait et ce me serait cruel, car je persiste à garder confiance en ma cousine.

— Je vous donne ma parole, madame, que si l'enquête ne l'exige pas, Me Valfroicourt ne saura rien.

— Merci et pardonnez-moi ma nervosité.

— Vous êtes tout excusée. Mes hommages, madame.

— Au revoir, monsieur le Commissaire.

-:-

Le commissaire Aulas fut très surpris lorsque Léonce, entrant dans son bureau, posa devant lui les livrets de Caisse d'Epargne.

— Qu'est-ce que c'est ?

— Des livrets de Caisse d'Epargne.

— Je le vois bien, mais pourquoi... ?

— Il y en a pour 5 500 000 anciens francs.

— Et alors ?

— Regardez le nom de la titulaire de cette petite fortune.

Il s'exécuta et ne put retenir une exclamation.

— Monique Sartilly !

— Eh oui ! la pauvre orpheline sans un sou que l'on plaignait parce qu'elle vivait de la charité des Valfroi-court.

— Cela signifie quoi, à votre avis ?

— Quelque chose de pas joli, je le crains et peut-être l'explication de sa mort.

Aulas s'esclaffa :

— Vous ne pensez pas sérieusement qu'on a tué Mlle Sartilly pour hériter cet argent ?

— Non, mais pour cesser de lui en donner.

Le commissaire ruthénois regarda longuement son collègue avant de l'interroger à mi-voix :

— Du chantage ?

— Pourquoi pas ?

— Monique Sartilly ? c'est impensable !

Sans répondre, Léonce s'empara des carnets et ôta leurs couvertures de plastique coloré. De l'une d'elles tomba un papier sur lequel on lisait :

— cochon

500 000 + 500 000 + 200 000 + 300 000 +
500 000 + 700 000 + 300 000

— tambour

300 000 + 300 000 + 300 000 + 300 000 +
300 000 + 250 000 + 250 000

— bain

200 000 + 200 000 + 100 000

Ayant lu le papier que Cernil lui avait passé, Aulas remarqua :

— Je commence à croire que vous avez vu juste... Quel scandale en perspective ! Mais comment deviner qui est ce « cochon » lequel semble avoir été durement saigné ? et ce « tambour » ? et ce « bain » ?

— Lorsque nous pourrons répondre à cette question,

mon cher, nous serons bien près de la solution. Vous
permettez que je téléphone au S.R.P.J. de Toulouse ?

— Je vous en prie.

Léonce demanda aux policiers toulousains de se
rendre au club de l'Hippocampe et de se renseigner sur
les pertes d'Edmond Payrac. Il se levait pour prendre
congé de son hôte lorsqu'il dit :

— Nom d'un chien ! Je quitte Mme Valfroicourt et
savez-vous ce qu'elle m'a appris ? qu'au couvent où elle
a été éduquée avec sa cousine, on remplaçait, dans les
textes, le mot « amour » par « tambour ».

— Alors, sur cette liste, il faut mettre amour au lieu
de tambour ? Ça ne nous avance guère, entre nous !

— Je ne suis pas de votre avis. Bon, eh bien ! mon
cher, remettons cette discussion à plus tard. C'est
dimanche et nous avons droit, comme tous les citoyens
de ce pays, à prendre un peu de repos. Je vous emmène
déjeuner à Estaing, chez Raynaldi, le foie gras y est
excellent.

-:-

Cernil, en se réveillant le lundi, pensait moins au
travail qui l'attendait qu'à l'excellente journée passée en
compagnie de son collègue lequel lui avait fait découvrir
un pays extraordinaire. Léonce avait regretté que Marguerite n'ait pas été à ses côtés. Mais l'homme du
S.R.P.J. n'avait point pour habitude de se perdre dans
les souvenirs pour si agréables qu'ils pussent être. Pendant qu'il se promenait, l'assassin de Monique Sartilly
imaginait peut-être se trouver à l'abri de ses coups.

Le premier soin de Cernil fut de se rendre à la banque
Beveuge où l'on se montrait si généreux à l'égard d'Edmond Payrac.

-:-

Les Beveuge étaient banquiers de père en fils depuis quatre générations. M. Aristide Beveuge portait une barbe qui inspirait confiance et une soixantaine des plus distinguées. Il reçut Léonce assez froidement, les banquiers n'aimant pas — sous toutes les latitudes — voir des policiers chez eux. Le commissaire dit qui il était et sa mission. Il expliqua que pour éclairer un côté de son enquête, il désirait savoir si Edmond Payrac avait emprunté de l'argent à la banque et combien. M. Beveuge ne se décida à faire droit à la demande de son visiteur que lorsque Cernil lui avoua tenir le renseignement de Payrac lui-même. M. Aristide ouvrit un carnet et convint qu'en un an, il avait avancé 2 000 000 d'anciens francs à Edmond. La liste des prêts correspondait exactement à celle des versements de « tambour ». Enfin, une petite lumière !

— Puis-je vous demander, monsieur, comment il se fait qu'un homme de votre expérience ait continué à prêter de telles sommes à un garçon insolvable ?

— Je pensais qu'il allait épouser Mlle Busloup.

— Je vois...

— Malheureusement, j'ai appris par Busloup lui-même que rien n'allait plus entre sa fille et Payrac. J'estime qu'il y a de la part de ce dernier, à mon égard, une sorte d'escroquerie et je ne lui avancerai plus un sou !

— Je n'ai pas le sentiment qu'il reviendra encore vous solliciter.

— Qu'en savez-vous ?

— Il n'en a plus besoin.

-:-

Dans la salle à manger de l'hôtel Brossy, Léonce

racontait à Aulas son entrevue avec le banquier et con-
cluait :

— Pour moi, il n'y a pas le moindre doute, Mlle Sartilly faisait chanter Payrac.

— Mais à propos de quoi ?

— D'un amour illégitime... Peut-être avait-il une maîtresse, quelqu'un d'important dont la cousine Monique
avait surpris l'identité ?

— Une belle saloperie, la cousine, dites-donc ?

— Et les Valfroicourt, un couple de poires juteuses !

Ayant vidé son verre de Saint-Estèphe, Cernil s'essuya
soigneusement la bouche et déclara :

— Le tout, maintenant, est de savoir si notre Payrac
aimait suffisamment sa maîtresse pour préférer devenir
un assassin plutôt que de la laisser déshonorer.

Aulas soupira :

— N'importe comment, j'ai l'impression que les
heures à venir vont être pénibles pour le jeune homme et
je vais peut-être lui mettre la main au collet d'ici peu.

— C'est aussi mon sentiment.

Les deux policiers regagnèrent le commissariat et, à
leur arrivée, le secrétaire du commissaire lui remit la
réponse de Toulouse : Edmond Payrac était inconnu à
l'Hippocampe. Léonce remarqua :

— Le contraire m'eût étonné. Eh bien ! je crois que je
vais avoir une sérieuse conversation avec Edmond Payrac.

— Je reste ici et si vous avez besoin de quoi que ce
soit, appelez-moi.

— Vous pouvez y compter. A ce soir ?

— Hélas ! non... Une corvée : la soirée de la Prési-
dente. Présence obligatoire. Je boirai du mousseux, man-
gerai des petits fours rassis et écouterai des jeunes gens
boutonneux chanter *La romance de M*e *Patelin* et *La
chanson de Fortunio* tandis que des demoiselles chloro-

tiques massacreront *La Valse de l'Adieu* sur le vieux piano de notre hôtesse. Plaignez-moi...

-:-

En vue de faciliter sa digestion et d'être en pleine forme lorsque Payrac se trouverait en face de lui, Cernil décida de gagner la place du Bourg par le chemin des écoliers. Il descendit l'avenue Victor-Hugo, remonta vers la ville par l'avenue Louis-Lacombe. Il allait d'un pas paisible et pensant à la soirée qui attendait son malheureux collègue, il fredonna a romance de Mᵉ Patelin : *Je pense à vous quand je m'éveille*... Il s'y donnait de si bon cœur que des passants se retournèrent, amusés, et Léonce rougit. Il abandonna ce Patelin qui le faisait remarquer pour rejoindre Fortunio. Quelles étaient donc les paroles ? Il se rappelait très bien l'air, mais les paroles lui échappaient. Ce fut dans la rue Pantarelle que les mots lui revinrent en mémoire : *Si vous croyez que je vais dire qui j'ose aimer*... Brusquement, le commissaire s'arrêta. Fortunio était amoureux de la femme de son patron... et le patron de Fortunio était notaire ! Sacré Payrac ! Ainsi, c'était Hélène qu'il aimait ! et la naïve s'imaginait que son coquebin en tenait pour Monique ! Pour ne pas quitter Hélène Valfroicourt, Edmond demeurait auprès de son médiocre mari dans une situation subalterne et Monique Sartilly, ayant découvert son secret, le faisait chanter en menaçant de tout révéler à Antoine qui aurait été alors dans l'obligation de prier son clerc d'aller soupirer ailleurs. Edmond avait-il tué afin de sauvegarder son romantique secret ? C'était fort possible... Allez donc savoir ce qui passe par l'esprit d'un amoureux brûlant de se sacrifier pour la dame de ses pensées ! Ce serait vraiment stupide que Payrac finisse ses jours en prison parce qu'il avait trop aimé une femme qui ne s'en était jamais doutée.

Dans la rue d'Armagnac, Léonce tomba nez à nez avec Désirée Busloup. Il l'avait oubliée, celle-là ! Elle l'aborda, tout à la fois timide et résolue.

— Monsieur le Commissaire... vous avez appris quelque chose ?

— Je crois, oui.

— C'est bon ou mauvais pour Edmond ?

— Je crains que ce soit plutôt mauvais.

— Ah !... Il aimait Monique, n'est-ce pas ?

A ses yeux, il n'y avait que cela qui comptait. Cernil regarda ce pauvre petit visage inquiet que sa laideur rendait encore plus pathétique.

— Non.

— C'est... c'est vrai ?

Elle en devenait presque jolie !

— Je vous en donne ma parole.

— Alors... qui ?

— Une ombre.

— Une ombre ? dans ces conditions...

— Dans ces condtions, mademoiselle Busloup, tant que je ne saurai pas, avec preuves à l'appui, ce qu'a fait Payrac en quittant Monique Sartilly, dans la nuit du meurtre, il demeurera le suspect N° 1. A vous revoir, mademoiselle.

Il s'était déjà éloigné de quelques pas quand elle le rappela.

— Monsieur le Commissaire ?

Il attendit qu'elle le rejoigne.

— Qu'est-ce qu'il y a ?

— Je sais où a été Edmond en abandonnant Monique cette nuit-là.

— Tiens donc !

— Il... il est venu me... me retrouver.

— Par exemple ! et où cela ?

— Dans ma chambre.

— Il a passé la nuit près de vous ?

— Oui.

— Vous êtes donc sa maîtresse ?

— Oui.

— On ne vous a pas appris que c'est très vilain de mentir ?

— Je vous jure que...

— Chut ! vous allez faire un faux serment et pour rien. Rentrez chez vous en vous disant que si Payrac est coupable nul ne pourra l'arracher à un châtiment mérité, mais que s'il est innocent, il n'a rien à craindre. Au revoir.

En pénétrant sur la place du Bourg, Cernil se répéta que les hommes ne cesseraient jamais de l'étonner. Une fille aimait passionnément Edmond Payrac. Sans doute, n'était-elle pas jolie, mais elle l'aimait et de plus, elle lui apportait beaucoup d'argent. Lui, il s'étiolait pour une femme mariée, ignorant tout de cette passion et qui, si elle l'avait connue, s'en serait offusquée.

Le commissaire se rendit non pas chez Mᵉ Valfroicourt, mais directement au bureau de Payrac que son apparition parut troubler.

— Vous, monsieur le Commissaire ?

— Mᵉ Valfroicourt est-il là ?

— Non, il est à Toulouse, comme tous les lundis, à la Chambre des Notaires. Il ne rentrera que ce soir.

— Tant mieux. Je tenais à vous voir seul.

— Pourquoi donc ?

Léonce discerna une légère fêlure dans la voix du secrétaire.

— Pour vous parler de votre passion du jeu qui vous a déjà coûté si cher.

— Hélas !...

— Monsieur Payrac, me permettez-vous de vous poser une question ?

— Je vous écoute.

— Honnêtement, croyez-vous que j'aie vécu trente ans dans les différents services de la police afin qu'un gamin de votre espèce se foute de moi ?

— Mais, monsieur le Commissaire...

— Finissons-en, monsieur Payrac, sinon je me fâche pour de bon et je vous oblige à traverser la moitié de Rodez à mes côtés avec les menottes aux poignets !

— Pour... pourquoi ?

— Parce que vous n'avez jamais mis les pieds à l'Hippocampe ! Parce que vous n'avez jamais ni gagné ni perdu au jeu ! Parce que les deux millions anciens que vous avez empruntés à Beveuge, vous les avez donnés à Monique Sartilly pour qu'elle se taise ! Parce que vous êtes amoureux de Mme Valfroicourt et vous redoutez que son mari l'apprenne et vous flanque à la porte ! et c'est afin de rester auprès de votre bien-aimée qui n'a pas le plus léger soupçon de cette tendresse platonique, que vous avez stupidement étranglé cette garce de Sartilly ! Qu'avez-vous à répondre avant que je ne vous embarque ?

Livide, Payrac se passa la langue sur ses lèvres sèches et couina plus qu'il ne dit :

— Ce... ce n'est pas moi... Je... je le jure !

— Le reste, c'est exact ?

Il répondit dans un souffle.

— Oui...

— Vous êtes vraiment un imbécile, monsieur Payrac. Enfin, je ne suis pas là pour vous donner des leçons, mais bien pour savoir si oui ou non, vous êtes le meurtrier de Monique Sartilly. Non, ne protestez plus, vous m'énervez et vos démentis n'ont aucune valeur à mes yeux. Un menteur reste un menteur et vous me mentez depuis que nous nous sommes rencontrés. Alors, maintenant, ou vous m'établissez, preuves à l'appui, votre emploi du temps de la nuit du meurtre ou je téléphone au commissaire Aulas pour qu'il envoie son panier à salade, compris ? Ah ! encore un mot : ne me racontez pas que vous avez passé cette fameuse nuit dans les bras de Mlle Busloup, je ne vous croirais pas !

Edmond contempla le policier, les yeux ronds.

— Dans les bras de...

— Figurez-vous que la petite sotte, sous prétexte qu'elle vous adore, est prête à sacrifier sa réputation pour tenter de vous sauver. Elle m'a affirmé qu'elle était votre maîtresse.

— Elle ment !

— Et alors ? Ça n'en fait jamais qu'une de plus. Cependant, rassurez-vous, je ne l'ai pas crue. Si vous désirez connaître mon opinion, monsieur Payrac, vous ne méritez vraiment pas un pareil amour. Sur ce, allez-y... Je bois vos paroles.

— Quand nous sommes sortis du restaurant, Monique m'a fait une scène épouvantable... Je ne savais plus où me fourrer... Elle m'a injurié. Elle était folle de rage. Elle m'a assuré que, dès le lendemain, elle parlerait à Me Valfroicourt et que Suzanne regretterait amèrement son geste. Je suis rentré chez moi ne sachant plus ce que je devais décider, tremblant à l'idée de ma prochaine rencontre avec le notaire... Je me suis couché après avoir bu je ne sais combien de verres de cognac.

— Et vous n'êtes pas ressorti ?

— Non.

— Vous n'avez vu personne sur votre chemin, en rentrant chez vous ?

— Il était très tard pour Rodez, vous savez et à part les barons, je n'ai rencontré âme qui vive.

— Pardon ?

— Pardon ?

— Qu'avez-vous dit ?

— Qu'à part les barons...
— Tous les trois ?
— Tous les trois.
— Où étaient-ils ?
— Près du restaurant, rue du Cusset.

-:-

Le commissaire s'était douté que les barons ne lui
avaient pas dit la vérité, pas plus que les « dames »
d'ailleurs et Cernil commençait à se demander s'il fini-
rait par rencontrer quelqu'un qui ne lui mentirait pas.
Comme tous les paisibles, Léonce était sujet à de violents
accès de colère. Abandonnant Payrac qui se voyait déjà
traîné ignominieusement en prison, il se précipita rue des
Pénitents-Bancs. Germaine avait des papillotes dans les
cheveux et cela ne lui plaisait pas du tout de se montrer
dans cet état :

— Vous auriez dû nous prévenir...
Le policier ne se sentait plus d'humeur à jouer les
aimables. Rogue, il répliqua :

— Et vous, vous prenez la peine de me prévenir,
lorsque vous me racontez des histoires ? Où sont vos
compagnes ?

— Mireille astique les cuivres et Suzanne est sortie.
Sans attendre qu'on l'invite et pour bien montrer que
le Cernil de ce lundi après-midi n'avait plus rien à voir
avec le Cernil du samedi, invité des barons, Léonce
ouvrit la première porte qui était devant lui et entra dans
la salle à manger où Mireille, effectivement, un foulard
sur la tête, les mains gantées de caoutchouc, frottait des
casseroles et des chandeliers. Elle ne bougea pas, paraly-
sée par l'émotion. Germaine tenta de créer une diversion
et dit gentiment :

— Tu vois, monsieur le Commissaire est venu nous
rendre une petite visite.

Léonce cria :

— Non !

Les deux femmes se figèrent et il devina au tremblement qui agitait la lèvre inférieure de Mireille qu'elle était sur le point de pleurer. Il répéta, mais un ton au-dessous :

— Non ! Je ne viens pas prendre de vos nouvelles, mais vous demander des comptes !

Mireille était incapable de tenir tête au commissaire, Germaine fit front.

— Des comptes ? A nous ?

— Ecoutez-moi bien : ou vous êtes idiotes ou vous le faites exprès ! mais je jure Dieu que je vais mettre fin à votre numéro comique et plus vite que vous ne le pensez !

— Mais, monsieur le...

— Assez ! c'est moi qui parle !

Il eut le sentiment que Germaine, la maligne, commençait à se sentir dans ses petits souliers. Prenant une voix impersonnelle (ce qu'il appelait sa voix administrative) Cernil observa :

— Toutes deux, vous savez qui est le meurtrier de Monique Sartilly et vous allez me le dire.

Mireille se mit à rouler des yeux en boules de loto, tandis que Germaine s'essayait vainement à donner un son naturel à son rire.

— C'est la meilleure ! tu entends, ma poule, nous voilà complices d'un assassin ! Ce n'est pas possible, monsieur le Commissaire, mais il y a quelque chose qui ne tourne pas rond dans votre métabolisme général ?

Impassible, visage de glace, le policier répondit :

— C'est terminé, oui ? On verra de quelle façon se comportera votre métabolisme général lorsque vous serez au trou !

— Vous avez l'air de parler sérieusement, ma parole !

— Je ne plaisante jamais devant les gens que je me propose d'emmener en prison.

— Pourquoi nous emmèneriez-vous là où vous dites ?

— Pour entrave à la justice !

— Nous !

— Vous !

— Et qu'est-ce qu'on a fait ?

— Vous m'avez déclaré — et vos deux compagnes vous ont approuvée — que les barons n'étaient pas à Rodez la nuit du meurtre.

— Ah !... c'est ça...

— Parfaitement, c'est ça ! Non mais, est-ce que vous avez conscience qu'en voulant sauver vos amis — et notamment M. de Créau — vous l'avez enfoncé ? C'est lui qui vous a demandé de m'assurer qu'il se trouvait sur ses terres ?

— Non.

— Alors ?

— Ils ne savent pas qu'on les a vus, cette nuit-là.

Cernil eut tout d'un coup la certitude que Germaine disait vrai.

— Vous ne pensez pas que vous feriez mieux de m'avouer, une fois pour toutes, de quelle façon les choses se sont passées ?

— D'accord... Il était convenu que nous nous battrions seules, Suzanne, Mireille et moi. Les barons nous avaient fourni toutes les armes dont nous avions besoin. A nous de jouer. Ils ne voulaient pas être présents. Ils n'entendaient pas fausser le jeu. Ils tenaient à ce que notre échec ou notre réussite, nous en soyons seules responsables. En bref, ils nous faisaient confiance. Seulement, au fond, parce qu'ils nous aiment bien, et qu'ils ne pouvaient sans doute pas attendre jusqu'au lendemain pour savoir comment ça avait marché, ils ont rappliqué en douce. Ils ne se sont pas montrés au « Trois Cassoulets », mais ils ont rôdé autour du restaurant. C'est moi qui les ai aperçus. Ils m'ont attendrie. Ils étaient si maladroits... Dans cette démarche qui se voulait discrète, j'ai vu la preuve de leur attachement et, franchement, quand j'ai prévenu les autres, j'avais la gorge un peu serrée. Quant à Suzanne, naturellement, elle s'est mise à pleurer comme une fontaine, dans son cassoulet. Nous avons pensé que nous devions agir en feignant d'ignorer leur présence et Suzanne ne vous a qu'à peine menti... Elle n'a pas téléphoné à M. de Créau après l'altercation avec la Sartilly... Elle a attendu le lendemain matin et l'a appelé chez lui, rue de la Barrière. Il n'était pas au courant.

— Vous en êtes sûre ?

— Sûre !

— Je ne comprends pas très bien. Un pareil scandale méritait que vous alertiez tout de suite M. de Créau et puisque vous saviez où le trouver...

— Non... Nos barons ont leurs faiblesses, comme tout le monde. Ils veulent paraître insensibles à ce qui bouleverse les autres et se croiraient déshonorés si l'on apprenait qu'ils ont un cœur. Alors, quand vous nous avez demandé s'ils se trouvaient à Rodez la nuit du meurtre, on vous a répondu par la négative, non pour les protéger, mais pour respecter leur secret. J'imagine qu'ils auraient été profondément humiliés s'ils avaient su que je les avais vus.

— Mais eux aussi m'ont menti !

— Pour la même raison.

— Le nom du domaine de M. de Créau ?

— La Grange. A quelques kilomètres après Villecomtal.

Quand Cernil quitta les « dames », Mireille s'était remise à frotter ses cuivres.

-:-

Léonce arriva à la Grange vers cinq heures. En descendant de voiture, il héla un paysan qui passait.

— Savez-vous où je pourrais trouver M. de Créau ?

— Il doit être aux écuries... Vous filez tout droit et devant le château, vous tournez à droite. Là, on vous renseignera.

Cernil remonta dans son auto et suivit l'allée qui, tracée à travers des prairies où paissaient des vaches, n'avait rien de l'élégance versaillaise. Quant au château, c'était une importante maison bourgeoise qu'ornait, à chaque extrémité, une tourelle. Devant le perron, Léonce prit la drection qui lui avait été indiquée. Il s'arrêta définitivement devant ce qu'il jugea être l'écurie.

Du portail grand ouvert, émanait l'odeur chaude des litières. Sur le seuil, le policier cligna longuement des yeux pour tenter de s'habituer à cette obscurité vivante où l'on entendait de lourds piétinements. Léonce avança de quelques pas entre les croupes puissantes des chevaux. M. de Créau, en bottes, culotte de cheval et veston croisé, examinait le pied d'un de ses animaux que tenait un palefrenier. Le commissaire s'approcha et le maître des lieux, relevant la tête, le vit. Sa voix ne trahit aucune surprise.

— Tiens, monsieur le Commissaire ?

— Puis-je vous parler un instant ?

— Mais certainement. Permettez-moi cependant de finir de nettoyer ce sabot... Pas de raison de laisser souffrir inutilement ce vieux camarade, n'est-ce pas ? Je vous rejoins.

Cernil ressortit à l'air libre. Etrange personnage que ce Créau qui, sous une bonhomie trop apparente, cachait

Dieu seul savait quel visage et le policier aurait bien voulu le découvrir, ce visage. Le propriétaire de la Grange l'intriguait au plus haut point. Il disait se tenir à distance de tout et on le trouvait mêlé à tout. Qu'est-ce que cet homme distingué pouvait découvrir en cette brave Suzanne qui n'y voyait guère plus loin que son nez? quelles raisons voulaient que ces gentilshommes — paraissant si fiers de leur naissance — goûtassent auprès des « dames » un bonheur dont la qualité médiocre semblait leur suffire? Pour la première fois de son existence, le commissaire avait affaire à des gens vivant dans un monde dont il ignorait tout et il éprouvait la très fâcheuse impression que, n'étant pas à sa place, dans ce milieu, il aurait beaucoup de mal à s'y débrouiller. Cela l'exaspérait et l'humiliait.

— Un policier se laisserait-il aller à rêver?

Les mains dans les poches, M. de Créau regardait, avec une amicale ironie, son hôte obligé.

— Ce n'est pas défendu, monsieur, et s'il y a des hommes qui ont vraiment besoin de rêver pour échapper un instant à leurs préoccupations professionnelles jamais très plaisantes, ce sont bien les policiers.

— Je suis pourtant persuadé, monsieur le Commissaire, que vous n'êtes pas venu de Rodez à seule fin de rêver sur mes terres. Puis-je vous demander ce qui me vaut le plaisir de votre visite?

— Toujours la même chose: le meurtre de Monique Sartilly.

— Estimeriez-vous que la Grange y aurait sa place?

— Monsieur de Créau, je n'estime, je ne pense, je ne préjuge de rien. Je suis à la recherche de certitudes et seulement de certitudes.

— Vous vous figurez en faire récolte chez moi?

— Voyez-vous, monsieur de Créau, il y a deux moyens pour un policier d'arriver à ces certitudes dont il

a besoin pour décider d'arrêter quelqu'un : d'abord
l'aveu ou la preuve, ensuite, le contraire qui peut aussi
faire preuve.

— Je crains de ne pas très bien vous suivre.

— C'est très simple. Admettez que le ou la suspecte
me mente quant à son emploi du temps concernant
l'heure du délit dont je cherche l'auteur, cela équivaut
presqu'à l'aveu.

— Et vous avez appris que ?

— Que, contrairement à vos affirmations, vous vous
trouviez à Rodez la nuit du crime.

— Donc que j'ai étranglé cette malheureuse fille ?

— Je ne le sais pas encore.

— Mais je suis le numéro I sur votre liste ?

— Sans aucun doute.

— Aimez-vous le porto ?

— Je ne vois pas exactement le rapport ?

— Vous ne me surprenez point, car il n'y en a pas.
Autrement formulée, ma question pourrait s'exprimer
ainsi : seriez-vous capable d'abandonner un instant vos
préoccupations pour venir goûter un vintage 1921 dont
je suis assez fier. N'ayez pas de scrupule à accepter mon
offre, monsieur le Commissaire, vous ne boirez pas avec
un assassin.

Les deux hommes gagnèrent la tourelle de droite de la
maison. M. de Créau poussa une porte basse, grimpa
devant son hôte un escalier en colimaçon pour entrer
dans une pièce rustique aux murs tapissés de livres et de
tableaux.

— Mon refuge, monsieur le Commissaire.

Ayant installé son invité, le baron sortit d'un meuble
bas un flacon et deux verres.

— A votre triomphe, monsieur le Commissaire.

— Je préférerais : à la Justice, monsieur.

— Si vous le désirez.

Lorsqu'ils eurent bu, le maître de la Grange
déclara :

— Je comprends que vous nourrissiez quelque ressen-
timent à mon endroit, monsieur le Commissaire, pour
vous avoir menti. Cependant, j'ai agi le plus naïvement
du monde. Me sachant innocent de la mort de cette
demoiselle, je ne voyais pas du tout l'utilité de vous
mettre au courant de ma vie privée et de... de mes
faiblesses. Un homme comme moi enrage quand il est
obligé de constater qu'il ressemble aux autres, ne serait-
ce que par une tendresse hors de saison. Pour répondre
au désir d'une certaine partie de la société ruthénoise,
mes amis et moi avons décidé d'établir nos maîtresses,
pensant que, du jour où elles auraient pignon sur rue, on
leur ficherait la paix. Vous savez qu'elles ne méritent pas
qu'on les embête ? Germaine est une fille hors du commun, Mireille est toujours d'excellente humeur et se
contente de n'importe quoi pour être heureuse. Quant à
Suzanne, c'est la bonne fille qui, chaque semaine, va
voir sa vieille maman au couvent des Ursulines à Toulouse... Nous étions bien résolus, MM. de Fourmage, de
Harna et moi à ne pas nous montrer, le soir de l'inauguration du restaurant. Nous entendions les laisser voler de
leurs propres ailes, mais nous sentions leur commune
inquiétude. Aussi, nous résolûmes d'aller voir sur place
comment les choses se passaient, prêts à intervenir pour
les consoler si cela tournait à la catastrophe, je veux dire
dans l'hypothèse où personne ne serait venu. Nous
sommes, par trois fois, à des heures différentes, passés
jeter des coups d'œil discrets et lorsque nous avons été
pleinement rassurés, nous sommes rentrés chacun chez
nous, où ces dames nous sont venues rejoindre le lendemain dans l'après-midi, selon nos vieilles habitudes et
sans se douter une seconde que nous étions à Rodez
depuis la veille au soir.

— Vous n'avez donc pas assisté à l'altercation entre votre Suzanne et Mlle Sartilly ?

— Non. J'aime autant, d'ailleurs, cela m'eût mis, convenez-en, dans une situation assez fausse et très délicate.

— Vous me donnez votre parole que vous n'avez pas appris le meurtre avant le samedi ?

— Je vous la donne. J'ai su la chose par Suzanne elle-même, puisque je n'avais pas bougé de chez moi en l'attendant.

— Si c'est la vérité, cela ne m'arrange pas tellement.

— Vous m'en voyez navré, mais pour si sympathique que vous me soyez, je ne puis me reconnaître coupable d'un crime sordide que je n'ai pas commis, à seule fin de vous être agréable.

— Bien sûr... Et vous n'avez pas la moindre idée quant à l'identité du meurtrier ?

— Pas la moindre. Je vis surtout ici, vous savez.

— Dans cette pièce plus spécialement ?

— Oui, quand je ne suis pas dehors. Elle vous plaît ?

— Beaucoup... J'aurais aimé posséder un refuge de cette qualité.

— Mon grand-père était un lecteur fervent de Montaigne et je le soupçonne — quand il a fait ajouter ces tourelles — d'avoir beaucoup pensé à la « bibliothèque » de celui qu'il admirait. Lorsqu'il pleut, je m'y installe en quittant mon lit et n'en sors que pour un déjeuner des plus frugaux. Si je ne marche pas pendant plusieurs heures à travers les champs, je ne mange guère.

— Et vous restez là à travailler ?

— Oh ! travailler, c'est beaucoup dire. Je lis et je médite sur ces quelques problèmes troublant les hommes depuis que ces derniers ont apparu sur la terre. Seulement, ces méditations n'ayant rien de génial, je ne vois

pas pourquoi j'en ferais part à autrui et je les garde pour
moi. Je me rends parfaitement compte, monsieur le
Commissaire, que je suis un égoïste, mais que voulez-
vous ? je ne parviens pas à m'intéresser à une humanité
dont le but unique semble être d'accumuler les crimes.
Je ne fréquente pratiquement personne, sauf les deux
amis que vous connaissez et qui, eux aussi, vivent isolés
sur leur terre.

— Pourquoi ?

— Parce qu'ils estiment, comme moi, qu'ils n'ont rien
à faire avec un régime politique où il suffit d'être médiocre et servile pour réussir. Mais je ne veux pas entamer ce chapitre, je risquerais de m'échauffer la bile
inutilement. Il est très difficile de demeurer constam-
ment maître de soi, de ses réflexes. Il y a des choses, des
gestes des événements qui vous font jaillir de vos gonds
sans que vous y puissiez quoi que ce soit. Quand cela
m'arrive, je m'en punis en demeurant chez moi et je
m'oblige à copier des pages entières de Montaigne pour
me réapprendre ce que doit être, en toute circonstance,
l'attitude de celui aspirant à la sagesse. Je dois vous
paraître très prétentieux ?

— Mais non vous êtes un homme qui a peut-être eu
la chance de vivre ainsi qu'il l'entendait. Me permettez-
vous de jeter un coup d'œil sur ces merveilles ?

D'un geste circulaire, le policier montrait l'ensemble
de la pièce.

— Je vous en prie.

L'un à côté de l'autre, ils suivirent les rayonnages de
la bibliothèque le baron commentant ses choix ou ceux
de ses prédécesseurs, les blâmant aussi parfois ou du
moins, les critiquant.

— Ici, ma discothèque, monsieur le Commissaire...
Bach, Mozart et Beethoven... Là, ma petite œnothèque

si je puis dire, car je ne saurais parler de cave, n'est-ce
pas ?

— Et ces tableaux ?... Ils sont charmants...

— Charmants, j'en conviens, mais sans grande valeur
malheureusement... Des souvenirs pour la plupart...
Pourtant, celui-là, est une copie faite par un des élèves
de Rembrandt... Je veux croire que le maître y a mis un
petit peu la main... Je ne l'ai jamais montré à des experts
pour ne pas risquer de perdre mes illusions...

— C'est la chaste Suzanne, n'est-ce pas ?

— Oui, ou « Suzanne au bain »... Qu'avez-vous, monsieur le Commissaire ?

— Rien...

— Voyons, vous avez pâli et...

— Non, non, je vous assure... Il faut que je m'en aille,
maintenant. Grâce à vous, monsieur, une démarche délicate s'est transformée en partie de plaisir. Je vous en
remercie.

— Je vous raccompagne jusqu'à votre voiture.

Sans plus échanger un mot, les deux hommes
gagnèrent l'automobile du policier. Au moment où il
prenait congé de son hôte, Cernil dit :

— Monsieur de Créau, je souhaite de tout cœur que
vous m'ayez dit la vérité et que vous ne soyez pas mêlé
au meurtre de Mlle Sartilly.

Le baron se cabra.

— Je crois vous avoir donné ma parole, monsieur !

— Bien sûr ! bien sûr !... Allons, au revoir, monsieur de Créau et merci encore pour votre hospitalité.

Le maître de la Grange s'inclina sans répondre.

Sur la route de Rodez, Léonce conduisait très vite. Il
tenait à arriver chez les « dames » avant qu'elles n'aient
gagné leur restaurant. Il lui fallait parler à Suzanne, car
ce qu'il n'avait pu confier au baron c'est que dans le
titre du tableau de Rembrandt étaient accolés le nom de

la maîtresse de M. de Créau et le mot « bain » figurant
sur la liste de Mlle Sartilly qui avait tant intrigué le
policier et que, maintenant, il s'expliquait.

-:-

Mireille et Germaine étaient déjà parties pour les
« Trois Cassoulets », lorsque Cernil se présenta rue des
Pénitents-Blancs. Suzanne le reçut et prévint tout de
suite son visiteur :

— Je suis en retard, il faut que je me dépêche.

— Je ne vous retiendrai pas si vous êtes sincère.

— Sincère ?

— Pourquoi Mlle Sartilly vous faisait-elle chanter ?

Littéralement, le visage de son interlocutrice se
décomposa sous les yeux du commissaire. L'effort
qu'elle s'imposa pour tenter de répondre normalement,
évoqua dans l'esprit de Léonce un noyé revenant à la
surface de l'eau.

— Je... je ne sais pas ce que...

— Vous venez de me confier que vous étiez pressée,
madame Suzanne, alors ne perdons pas de temps et
apprenez-moi de quelle façon Mlle Sartilly avait barre
sur vous ?

— Je vous affirme que...

— Inutile ! vous pouvez garder vos protestations,
elles ne me convaincront pas ! Vous avez versé
500 000 anciens francs à la cousine des Valfroicourt.
Pourquoi ?

Elle fondit en larmes et hoqueta :

— Vous vous acharnez après moi...

— Non, je m'acharne après l'assassin.

— Vous... vous n'allez tout de même pas... ?

— Pourquoi pas ?

— Mais... mais... c'est... c'est...

— Normal, non ? la Sartilly vous faisait chanter et
durement... Où avez-vous trouvé les 500 000 anciens
francs que vous lui avez versés ? Et puis, un jour, vous
en avez eu assez de payer...Vous attendiez l'occasion
pour vous débarrasser de celle qui vous torturait... Le
soir de l'inauguration du restaurant, vous ne pensiez
sûrement pas à la tuer, mais elle a couru littéralement
après sa mort en vous injuriant en public... Alors, vous
avez sauté sur l'occasion offerte... Vous lui avez téléphoné... Vous lui avez donné rendez-vous avec la complicité de vos deux amies et vous l'avez tuée !

— Non ! non ! non !

— Pourquoi lui versiez-vous tant d'argent ?

— Ce n'est pas vrai !

Léonce regarda longuement la pauvre fille que le
chagrin et l'angoisse défiguraient. Il dit, sans élever la
voix :

— Vous avez peur, n'est-ce pas, que M. de Créau
n'apprenne votre secret ? mais si vous devez passer une
partie de votre existence en prison, quelle importance ?

Il crut qu'elle était sur le point de s'évanouir. Il voulut
la soutenir. Elle le repoussa.

— Laissez-moi !

— Je veux savoir !

— Je vous répète que...

— Inutile ! Bon sang de bon sang ! je crois que c'est
la première histoire où je rencontre tant de menteurs au
mètre carré ! Allez, ouste ! Je vous emmène !

— Non ! par pitié ?

— Vous avez eu pitié de Monique Sartilly, vous ?
Que pensiez-vous, lorsque vous lui serriez la gorge ?
Lorsqu'elle se débattait ? Lorsque vous entendiez siffler
sa respiration qui s'amenuisait ? Dites, qu'avez-vous

éprouvé lorsqu'à travers vos mains, vous avez senti la
vie qui se retirait de ce corps pantelant ?

— Taisez-vous ! c'est horrible !

— Croyez-vous qu'en dépit de son cœur empoisonné,
Monique Sartilly méritait une pareille mort ?

— Oui ! cent fois, oui ! c'était un monstre ! et celui
qui l'a supprimée a rendu service à la société !

— Et notamment à vous ainsi qu'à deux autres qui,
eux aussi, étaient ses victimes. Il appartiendra à votre
avocat d'évoquer l'affreuse nature de la défunte pour
atténuer votre faute, ce n'est pas ma tâche. Moi, je veux
seulement appréhender sa meurtrière. Allons, soyez raisonnable, Suzanne ? Avouez et ce sera fini, on vous
laissera tranquille.

Sans répondre, elle secoua la tête. Léonce reprit :

— Je vous connais peu, suffisamment cependant pour
être persuadé qu'une femme comme vous ne peut vivre
avec un pareil poids sur la conscience. L'ombre de
Monique Sartilly ne cessera de vous hanter.

— Monsieur le Commissaire...

Il se pencha vers elle.

— Je vous écoute.

— Il est vrai que j'ai souvent eu envie de tuer
Monique Sartilly, mais je n'en ai jamais eu le courage...
J'avais gagné un million d'anciens francs à la Loterie
Nationale. Je ne sais comment elle s'est débrouillée pour
l'apprendre, mais le fait est là : elle l'a su. Alors, elle a
commencé à me faire chanter. Elle m'a déjà volé la
moitié de mon gain...

— Je suis au courant.

— Ah ?

— Et vous avez tué Monique pour pouvoir garder
quelques sous de ce million qu'elle vous reprenait.

— J'aurais voulu pouvoir en être capable ! Ah ! oui
je vous le jure, monsieur le Commissaire, je l'aurais tuée

avec une joie que vous ne pouvez imaginer... Un autre
s'en est chargé à ma place...

— M. de Créau ?

Elle haussa les épaules.

— Ce pauvre Charles ignore que j'ai encaissé ce million, touché à Toulouse, et encore moins que je versais
de l'argent à l'autre garce.

— Vos deux amies étaient au courant ?

— Peut-être... Je ne tenais pas à aborder la question...
un sujet que nous n'avons jamais discuté, monsieur le
Commissaire. Je ne regrette pas la mort de Monique
Sartilly et même si je dois vous scandaliser, je la trouve
encore trop douce ! seulement, je n'en suis pas l'auteur.
Vous me croyez, n'est-ce pas ?

— Non.

Elle en resta bouche bée. Cernil en profita pour ajouter :

— Je vous croirais peut-être si vous me confiiez pourquoi Monique Sartilly vous tenait dans ses griffes ?

— Ça... je ne peux pas !

— Comprenez, madame Suzanne, que c'est trop facile
et que si les policiers devaient accepter ce genre de
réponse, on n'arrêterait pas souvent les criminels. Pour
moi, la situation se présente ainsi : la Sartilly menaçait
de révéler quelque chose de sûrement pas très joli que
vous avez à votre actif. Elle vous a saignée et puis vous
avez regimbé. Peut-être vous seriez-vous inclinée une
fois de plus, s'il n'y avait pas eu cette altercation au
« Trois Cassoulets ». Lorsque vous avez entendu cette
femme vous traiter avec mépris, vous l'avez frappée...
Alors, elle vous a menacée et vous, vous compreniez le
vrai sens de cette menace... Vous appreniez ainsi que
vous aviez payé pour rien, que votre secret serait révélé
en dépit des 500 000 francs anciens déjà versés. C'est

la raison pour laquelle vous avez étranglé Monique Sartilly.

— Tout ce que vous avez dit est vrai, sauf la fin.

— Dans ce cas, quel était votre secret ?

— Si je me trouvais seule dans le coup, il y a longtemps que je vous l'aurais appris.

— Qui donc est l'autre ?

— Ça non plus, je ne peux pas vous le révéler.

— Tant pis... Il va falloir venir avec moi.

— Monsieur le Commissaire...

— Qu'est-ce qu'il y a ?

— Est-ce que vous croyez sincèrement que je suis une meurtrière ?

— Mon opinion n'a aucune importance, vous savez, et ne peut modifier ce que je pense devoir faire pour exercer honnêtement mon métier, mais si cela peut vous consoler, non je ne crois pas que vous ayez étranglé Monique Sartilly...

— Merci.

— ... mais je suis sûr que c'est à cause de vous qu'elle a été tuée et j'ai bien envie de vous emmener parce que c'est par vous que j'arriverai au meurtrier.

— Mais non, Suzanne, il ne vous emmènera pas !

Le commissaire se retourna ; les trois barons étaient sur le seuil. Léonce remarqua, amusé :

— Vous n'avez pas été longs à me suivre !

— Mon tableau vous a beaucoup impressionné, monsieur Cernil, et ce ne pouvait être que par le nom du principal sujet : Suzanne... J'en ai conclu, par suite de votre départ précipité, que vous vous proposiez de causer quelques chagrins à ma chère amie.

La jeune femme se jeta dans les bras de M. de Créau.

— Oh ! Charles ! Que j'ai honte !

— Calmez-vous, ma chère, c'est fini. Car c'est fini, n'est-ce pas, monsieur le Commissaire ?

M. de Harna s'avança vers le policier.

— Votre conduite est scandaleuse et je ne sais ce qui me retient de vous casser la figure !

— Vous auriez tort... Cela coûte très cher de frapper un policier et si vous continuez sur ce ton, c'est vous que j'embarque et au trot !

Fidèle à ses habitudes, M. de Fourmage tenta d'arranger les choses.

— Comprenez notre émoi, monsieur le Commissaire... Arrêter madame serait — comment pourrions-nous dire ? — peut-être arbitraire ? Vous ne possédez, j'imagine, aucune preuve de sa culpabilité.

Léonce sourit.

— Vous avez beaucoup de chance, messieurs, que la nature m'ait doté d'un excellent caractère. Ma parole, à vous entendre, on se croirait reporté au temps des trois Mousquetaires : tous pour un, un pour tous. Cette jeunesse de sentiment chez des hommes de votre âge, m'émeut. Seulement, il ne faudrait pas exagérer. Je vous serais obligé de vous le tenir pour dit. Je désirais emmener madame pour bavarder avec moi, ailleurs que dans son cadre familier parce que je suis persuadé qu'à son insu, sans doute, elle détient le secret du meurtre de Mlle Sartilly.

M. de Fourmage susurra :

— Vous donnez, monsieur le Commissaire, dans une subtilité qui nous fait perdre le fil conducteur. Ces messieurs et moi-même, nous vous avons donné notre parole que ces dames et nous, n'étions pour rien dans la tragique disparition de cette personne et, je m'étonne...

Léonce coupa son interlocuteur.

— Ce qui m'étonne, monsieur, c'est votre étonnement ! Que vous l'acceptiez ou non, nous ne sommes plus au XVIIᵉ siècle et un officier de police, quel que soit son grade, serait assez mal vu de ses chefs s'il acceptait pour preuve irréfutable, la parole donnée, fût-ce par des gentilshommes.

— Permettez-moi de le regretter.

— Je vous le permets... Sur ce, messieurs, je ne vous dis pas adieu, mais au revoir. Le tour que vous avez cru devoir donner aux événements m'assure que nous nous rencontrerons de nouveau et, sans doute, bientôt.

Cernil ayant salué les barons, se mit en devoir de gagner la porte et dut, pour ce faire, passer à côté de M. de Créau qui l'arrêta :

— Nous serions encore en ce vieux temps que vous railliez quelque peu il y a un instant, je vous eusse envoyé mes témoins pour avoir abusé de mon hospitalité, mais nos mœurs ayant dégénéré, j'en suis réduit à vous demander des explications...

— Que je suis libre de vous donner ou non.

— Hélas ! il me faut en passer par-là...

M. de Harna déclara, amer :

— Nous n'avions qu'à ne pas laisser prendre la Bastille !

Le commissaire se tourna vers lui.

— Il est un peu tard pour vous en apercevoir, ne pensez-vous pas ?

Puis, revenant à son interlocuteur :

— Alors, monsieur, quelles explications réclamez-vous ?

— Pourquoi vous acharnez-vous contre Mme Montenay ?

A cet instant, le regard du commissaire se porta sur le visage de Suzanne et ses traits bouleversés, ses yeux implorants lui rappelèrent que M. de créau ne partageait pas le secret de la jeune femme.

— J'ai mes raisons et je n'ai pas à vous les faire
connaître ! Bonsoir !

Sur le palier, Suzanne — les yeux pleins de larmes —
rejoignit le policier. Elle lui prit les mains et chuchota :

— Merci d'avoir compris qu'il ne savait rien...
Demain, je dois me rendre au chevet de ma mère qui
décline beaucoup en ce moment. En revenant, j'irai à
votre hôtel et... et je vous avouerai tout.

-:-

Léonce balança un instant en quittant la rue où demeuraient les « dames » pour décider s'il allait dîner
avant de passer au commissariat faire son rapport à
Aulas, fonctionnaire scrupuleux, habitué à s'acquitter
d'abord de ses devoirs. Il s'en fut voir son collègue qui,
en le voyant, poussa une exclamation :

— Je vous croyais assassiné dans quelque coin de
notre vieille ville !

— Auriez-vous des tueurs en liberté ?

— Non, mais si j'en juge par les coups de téléphone
reçus et les visites subies, je ne serais pas étonné que des
notables aient payé des spadassins pour vous éliminer le
plus vite possible !

— A ce point-là ?

— Et comment ! D'abord, Mme Valfroicourt.

— Tiens donc ! Que voulait-elle ?

— Me confier ce qu'elle pensait de la démarche que
vous avez effectuée auprès d'elle.

— Sur sa demande ! et alors ?

— Il paraît que vous avez insinué des choses abominables sur sa défunte cousine, qu'elle ne saurait admettre
que vous colportiez à travers Rodez de pareilles calom-
nies et que si vous ne vous arrêtez pas immédiatement
sur ce chemin scabreux, elle ira voir le préfet.

— Elle vous a téléphoné à l'insu de son mari ?

— Non, puisqu'il a pris l'appareil pour me confirmer les intentions de sa femme et m'assurer qu'il l'approuvait. Il est vrai que, quelques instants plus tard, il me rappelait pour m'expliquer qu'il n'avait pas voulu susciter de scène dans son ménage et m'affirmer qu'il ne partageait pas du tout l'opinion de son épouse quant à la défunte qui, à ses yeux, demeurait une des pires emmerdeuses qu'il ait jamais connues.

— Autrement dit, Mme Valfroicourt se fiche éperdument de la vérité. Elle refuse de voir sa chère cousine autrement qu'elle l'a inventée et n'entend pas que sa famille soit éclaboussée par le scandale possible.

— Il y a sûrement de cela. Pour les Busloup...

— Ils vous ont téléphoné aussi ?

— Son excellence Alphonse Busloup s'est déplacé en personne pour me confier qu'il ne tolérerait pas plus longtemps qu'une brute de policier torturât sa fille unique !

— J'ai l'impression que c'est là une allusion directe à ma personne.

— Sans l'ombre d'un doute, mon cher. Que lui avez-vous fait à cette petite ?

— Je lui ai appris que son amoureux ou, pour être plus véridique, celui dont elle est amoureuse, était épris d'une ombre et que, de surcroît, je serais peut-être dans l'obligation de l'arrêter pour meurtre.

— On ne saurait être plus réconfortant, j'en conviens. Quoi qu'il en soit, Busloup menace, lui aussi, d'aller confier au préfet ce qu'il pense de vous.

— Et si j'allais, moi, leur apprendre ce que je pense d'eux ?

— Pardon ?

— Aux Valfroicourt, par exemple ? Aulas, voulez-vous assister à un entretien qui vous réjouira, connaissant l'estime particulière dans laquelle vous tenez certaines de ces familles qui se prennent pour le sel de la terre ?

Le commissaire ruthénois se leva et, guilleret :

— Pourquoi pas ?

-:-

En se rendant à la place du Bourg, Léonce mit son collègue au courant de ses entrevues et découvertes de l'après-midi. Il insista sur l'attitude agressive des barons, pour en rire, assurant qu'il n'aurait pas cru, s'il ne l'avait vu, qu'on pût encore se conduire de cette façon à notre époque. Aulas remarqua :

— Je ne voudrais pas vous vexer, mon bon, mais j'ai l'impression que vous êtes en train de vous mettre à dos les importants de cette ville ?

— Ce n'est pas la première fois que cela m'arrive. Dans nos provinces, on n'aime guère que des étrangers viennent fourrer leur nez — fût-ce au nom de la loi — dans des histoires qui, paraît-il, ne regardent que les autochtones.

— Vieil héritage du temps où nos provinces étaient assez indépendantes du pouvoir central. Si je vous ai compris, Suzanne Montenay est devenue votre suspect n° 1 ?

— Elle ou quelqu'un qui partage son fameux secret.

— M. de Créau ?

— Certainement pas. Peut-être le « cochon » qui est sur la liste Sartilly et qui a payé le plus. Je pense que demain soir, lorsque Suzanne sera de retour, nos affaires seront bien avancées.

— Espérons-le. Vous avez tout intérêt à liquider le problème avant que la tempête n'éclate, tempête où nous risquerions de sombrer tous les deux.

-:-

La bonne n'en crut pas ses oreilles lorsque les commissaires demandèrent à entretenir immédiatement M. et Mme Valfroicourt. Elle protesta, esclave d'une étiquette à laquelle elle n'avait jamais désobéi.

— Mais... Madame et Monsieur ne reçoivent jamais à cette heure-ci ! Ils viennent tout juste de sortir de table !

— Eh bien ! c'est le meilleur moment pour tenir une petite conversation, non ?

— Je ne...

— Ça suffit ! Maintenant, allez prévenir vos patrons et dites-leur que nous voulons absolument leur parler.

La servante s'en fut, tellement désorientée qu'elle abandonna les deux hommes dans le hall sans songer à les introduire dans le petit salon d'attente.

Après son départ, Aulas remarqua :

— Je ne pense pas que cette démarche rehaussera votre cote et la mienne.

— Bah ! n'oubliez pas que, pour l'instant, c'est nous qui menons le jeu.

La domestique revint, l'air toujours effaré.

— Madame a remarqué que c'était pas une heure, mais Monsieur a déclaré qu'on pouvait pas interdire d'entrer à la police.

— Et la conclusion de cet intéressant débat ?

— Ils vous attendent.

Elle les conduisit jusqu'au seuil du salon et s'éclipsa. Mme Valfroicourt ne se leva pas et le notaire, embarrassé, vint au-devant de ses visiteurs.

— Messieurs, je dois reconnaître que je comprends mal une démarche aussi tardive ? Mon cher Aulas, vous m'aviez habitué à plus de discrétion...

Cernil prévint la réponse de son collègue.

— Maître, je suis seul responsable de cette visite. Mon collègue n'est là que pour me servir de témoin.

— De témoin ?

— Mme Valfroicourt s'est permis, cet après-midi, de téléphoner au commissaire Aulas pour proférer des menaces à mon égard. Je viens lui réclamer les explications qui s'imposent.

— Je suis sûr que ma femme...

— Je vous en prie, maître, j'aimerais entendre Mme Valfroicourt.

Cette dernière leva les yeux de dessus sa tapisserie et regardant Léonce avec un mépris non dissimulé :

— J'ai tout simplement averti le commissaire Aulas que je ne tolérerais pas que quiconque, fût-ce un policier, se permît de salir la mémoire de ma cousine par des insinuations révoltantes et que si les choses continuaient de la sorte, je me plaindrais au préfet.

— Vous ne parlerez pas au préfet, madame.

— Et pourquoi donc, je vous prie ?

— Parce que vous ne tenez pas à ce qu'il apprenne avant tout le monde, que Monique Sartilly était une personne sans scrupule qui se livrait au plus répugnant des crimes : le chantage.

CHAPITRE CINQ

Quelques années plus tard, le commissaire Aulas racontait encore cette soirée chez les Valfroicourt dont il gardait un souvenir inoubliable. De sa vie, — assurait-il — il n'avait vu des gens aussi traumatisés que le notaire et sa femme après la fracassante dénonciation de son collègue Cernil. La prude Hélène semblait en état de catalepsie tandis que son mari, après avoir retrouvé sa respiration, se précipitait sur le flacon de cognac et en buvait deux verres, coup sur coup. Paraissant avoir récupéré, Mᵉ Valfroicourt déclara :

— Je veux croire, monsieur le Commissaire, que vous réalisez la gravité des propos que vous venez de tenir ?

— Je n'ai pas l'habitude, maître, de parler en ignorant l'importance des mots que je prononce.

Le visage crispé par une colère qui — pour être contenue par une éducation ne se laissant jamais oublier — n'en était pas moins d'une rare violence, la maîtresse de maison protesta :

— Vous regretterez vos grossièretés, Commissaire !
Dès demain, je me rendrai à la Préfecture !

— Je vous en défie !

— Oh ! Antoine ! vous entendez ?

— J'entends, ma chère amie, et je ne comprends pas
plus que vous ce que cela signifie. Enfin, vous Aulas,
expliquez-nous...

Cernil ne laissa pas à son collègue le temps de
répondre.

— Non, les explications, c'est moi qui les donne.

— J'espère pour vous, monsieur, qu'elles justifieront
votre conduite !

— N'ayez aucune crainte à ce sujet. Et maintenant, si
vous voulez vous asseoir, je me propose de vous conter
une très vilaine histoire.

Valfroicourt et sa femme réintégrèrent leurs fauteuils
sans quitter des yeux Léonce qui resta debout, tandis
que Aulas, à son tour, s'emparait du siège qu'on avait
omis de lui offrir.

— A la lumière de tout ce que j'ai découvert, m'est
très vite apparu que Monique Sartilly n'était pas le
parangon de vertu que sa cousine se plaisait à croire.
Quand on m'a eu brossé d'elle plusieurs portraits, j'ai
compris que cette femme haïssait quasiment le monde
entier.

Hélène gémit :

— Je... je vous interdis de blasphémer chez moi !

— Dès l'abord... quelque chose m'avait frappé par
son aspect incongru ; pour quelles raisons, le jeune et joli
garçon qu'est Payrac s'attachait-il aussi étroitement aux
pas de Mlle Sartilly ? Mme Valfroicourt m'a confié que
cela tenait à ce qu'il l'aimait, affirmation que la différence d'âge, de caractère, de situation, sans ajouter la
disgrâce physique de la prétendue bien-aimée, rendait

sujette à caution. Au surplus, si Payrac avait aimé votre
cousine, madame, et si celle-ci partageait cette tendresse
pourquoi aurait-elle incité son amoureux à faire la cour
à Mlle Busloup ?

Antoine se tourna vers sa femme et, timidement :

— Evidemment, c'est bizarre...

Hélène haussa les épaules, sans piper mot.

— Il m'a paru tout aussi surprenant qu'une fille
pauvre, vivant de la charité de ses parents, pût se montrer aussi agressive. Elle savait qu'en agissant de la sorte,
elle se mettait la ville à dos. Pour quelles raisons s'en
prenait-elle aussi méchamment à Suzanne Montenay ? et
pourquoi à elle plutôt qu'à ses deux amies ? Quel motif
la poussa à aller faire un scandale au « Trois Cassoulets » le soir de l'inauguration et à insulter en public
Suzanne qui, de l'aveu même de Payrac, s'était conduite
de façon aussi irréprochable que courtoise ?

La maîtresse de maison s'écria :

— Il n'empêche que cette femme a menacé ma cousine !

— Ce qu'on ne fait pas devant témoin, madame,
quand on a l'intention de tuer. Je me figure qu'il y avait
dans la salle quelqu'un qui, ayant assisté à l'altercation,
a jugé qu'il y avait là un excellent moyen de se débarrasser de Mlle Sartilly en faisant porter les soupçons sur
Suzanne ou mieux sur son protecteur, M. de Créau.

Antoine s'enquit :

— Parce que vous pensez que le meurtrier est un
homme ?

— Il faut être beaucoup plus fort que sa victime pour
l'étrangler debout et par-derrière. Votre cousine n'était
pas une mauviette à ce qu'il semble et il est bien évident
que Suzanne Montenay n'aurait pas été capable d'un
pareil exploit athlétique. Dès lors, pour moi, la question
se posait : pour quels motifs haïssait-on Monique Sar-

tilly au point de l'assassiner ? J'ai très vite pensé au
chantage, car il n'y a que le chantage qui puisse susciter
une aversion aussi profonde. Seulement, je n'en avais
aucune   preuve   jusqu'au   moment   où   vous-même,
madame, avez découvert que votre cousine possédait
plus de 5 millions d'anciens francs.

Valfroicourt poussa une exclamation et regarda son
épouse.

— Tu étais au courant ?

— J'ai jugé que ça n'avait guère d'importance.

Léonce reprit sa démonstration.

— Oh ! si, madame, car dans l'un de ces carnets, avec
mon collègue ici présent, nous avons trouvé une liste de
personnes que Monique Sartilly faisait chanter. En
femme d'ordre, elle avait noté ce qu'elle avait tiré
jusqu'alors de chacun d'eux. Sans doute, la personnalité
de ses victimes était-elle dissimulée sous des mots qui,
apparemment, ne voulaient rien dire. Il n'empêche que
nous en avons traduit deux sur trois et c'est ainsi,
madame, que je puis vous affirmer qu'Edmond Payrac
avait versé déjà deux millions d'anciens francs et si
Mlle Sartilly obligeait son supposé galant à épouser la
riche Désirée Busloup, c'était pour pouvoir le pressurer
davantage. Ainsi s'expliquait l'attitude de votre secrétaire, maître.

Valfroicourt soupira, déjà convaincu :

— Ça, alors...

Mais sa femme ne voulait pas encore accepter l'évidence.

— Ce n'est pas vrai ! ce ne peut pas être vrai ! J'ai vu
les yeux tendres d'Edmond quand il regardait Monique,
j'ai entendu ses soupirs... Que vous le vouliez ou non,
monsieur le Commissaire, ce garçon était profondément
épris !

— Exact, mais pas de votre cousine.

— De qui donc, dans ce cas ?

— De vous, madame.

Le notaire, écrasé par cette révélation, se mit à ressembler à un phoque échoué sur une banquise partant à la dérive. Quant à sa femme, elle s'était dressée d'un jet :

— Voilà une plaisanterie que je ne saurais tolérer !

— Il ne s'agit pas d'une plaisanterie, madame. Edmond Payrac vous aime, vous adore, vous idolâtre et c'est à vous que s'adressaient ces soupirs, ces tremblements, ces regards langoureux, ces pâleurs... Lui-même me l'a avoué.

Mme Valfroicourt retomba sur son fauteuil tandis que son mari ricanait :

— Je ne me doutais pas, ma chère, que vous enflammiez les jeunes gens !

— Moi... moi non plus... Quelle idée ! ce garçon est fou ! en tous les cas, un insolent ! Moi ! une femme mariée ! mais qu'espérait-il donc ?

Le notaire ricana :

— Pas difficile à deviner !

L'épouse rougit jusqu'aux cheveux.

— Antoine !

Cernil, imperturbable, continuait sa démonstration.

— Si vous, madame, ne vous étiez pas aperçue de la chose, Mlle Sartilly, par contre, avait deviné le secret de Payrac et lui a fait payer très cher son silence.

— Voyons, monsieur le Commissaire, puisqu'il n'y avait rien entre ce jeune homme et moi, pourquoi versait-il cet argent ?

— Pour pouvoir rester près de vous.

Hélène répéta doucement :

— Pour pouvoir rester près de vous.

Elle se mit à pleurer sans bruit. Gêné, Me Valfroicourt remarqua :

— Je crains, monsieur le Commissaire, que vous
n'ayez mis de drôles d'idées dans la tête si sage de mon
épouse...

— Nous autres, policiers, sommes un peu des éveil-
leurs de conscience, maître, du moins chez ceux qui en
ont une. La seconde victime de Mlle Sartilly, que nous
connaissons est Suzanne Montenay qui, elle aussi, a un
secret à cacher et que votre cousine avait découvert.

— Aimait-elle aussi quelqu'un d'autre que M. de
Créau ?

— Je l'ignore pour l'instant, mais je pense que demain
elle se confessera à moi et que je pourrai alors m'appro-
cher un peu plus de l'assassin de Mlle Sartilly. Voilà
madame, voilà maître ce que j'ai tenu à vous apprendre,
pour que vous cessiez de porter aux nues des personnages qui n'ont jamais existé. Bonsoir madame, bonsoir
maître.

Antoine raccompagna les policiers. Mme Valfroicourt
n'avait pas bougé de son fauteuil.

Traversant la place du Bourg endormie dans un sommeil d'un autre temps, le commissaire Aulas confiait à
son collègue :

— Une scène que je n'aurais pas voulu manquer ! Il
ne vous a pas fallu longtemps pour les flanquer en l'air,
ces deux-là. Quand je pense qu'ils ont commencé par
prétendre nous flanquer dehors ! Ils s'en souviendront de
la soirée.

— C'est un des plaisirs de notre profession que de
faire de temps à autre le ménage dans des foyers qui se
figurent être propres parce que leurs portes sont fer-
mées.

Ils atteignaient le boulevard Gambetta lorsque Aulas
dit :

— J'ai le sentiment que cette histoire va plus ou
moins démolir le ménage Valfroicourt. Lui, est capable

d'acquérir une certaine autorité sur une femme qui s'est
si bien trompée au sujet de sa cousine qu'elle défendait
âprement contre son mari. Pour elle, ce que vous lui
avez révélé touchant l'amour que lui porte Payrac,
risque de modifier complètement ses vues sur le monde.
Il n'est pas prouvé qu'à cause de vous, mon bon, ce
notaire ne soit pas cocu un jour ou l'autre.

— Je ne le pense pas... Hélène Valfroicourt vit en
dehors de nous tous.

— Pourtant, elle a pleuré.

— Peut-être en pensant au mal qu'elle a fait sans le
vouloir ? A cause d'elle, Edmond s'est lourdement
endetté, à cause d'elle il est malheureux. Peut-être que si
elle n'était pas là, Payrac ne serait pas insensible à
l'amour de Désirée Busloup. Il faut bien reconnaître,
ami, que partout où nous passons, nous laissons souvent
des traces indélébiles. La loi n'est pas une personne
tellement bien élevée. Elle s'installe, sans se soucier de
ceux qu'elle bouscule ou qu'elle meurtrit.

Arrivés devant l'hôtel Brossy, ils se séparèrent sur une
cordiale poignée de main en se souhaitant mutuellement
que la journée du lendemain apporte enfin la solution du
problème posé par le meurtre de Monique Sartilly.

-:-

Jamais jour ne parût aussi long à Cernil que cet inter-
minable mardi. Il savait, en se levant, qu'il ne pourrait
faire quoi que ce soit tant que Suzanne ne serait pas
venue le voir et lui confier enfin ce secret qui le mettrait
peut-être sur la trace de l'assassin. Il téléphona au divisionnaire du S. R. P. J. de Montpellier pour lui
apprendre où il en était et qu'il ne lui enverrait un
rapport que le lendemain, car il comptait sérieusement et
dès ce soir, faire un bond en avant sur le chemin le

menant à celui qu'il cherchait. Pour tuer le temps, il écrivit longuement à Marguerite et lui parla des plats qu'il avait mangés et dont il essaya de lui donner la recette. Puis, il partit se promener.

Le hasard faisant passer le policier rue des Martyrs de la Résistance, il entra dans la maison où habitait Payrac. Une concierge — une quinquagénaire ronde comme une pomme au visage plein de malice — s'enquit de ce qu'il voulait.

— Vous êtes la gardienne de cet immeuble ?

— Oui. Pourquoi ?

— Je suis commissaire de police.

— Ah ?

— Est-ce que je pourrais vous dire quelques mots ?

— Venez dans ma cuisine.

Léonce suivit la brave femme et une merveilleuse odeur de bœuf miroton lui chatouilla les narines.

— Dieu que cela sent bon chez vous !

— Dame ! c'est le jour de mon miroton... Moi, hein ? je laisse les viandes grillées aux malades et je me fiche pas mal de ma ligne, je préfère me régaler. A mon âge, on n'a plus beaucoup d'autres plaisirs, pas vrai ? Vous prendrez bien un petit quinquina, histoire de vous mettre en appétit ?

— Pourquoi pas ?

Ils trinquèrent et la concierge demanda :

— Vous voulez quoi, au juste ?

— Que vous me parliez d'Edmond Payrac.

— M. Edmond ? Y a pas plus brave ! Jamais de bruit, presque toujours rentré avant neuf heures... Et des filles pas ça ! Des comme lui, c'est le repos d'une concierge, vous pouvez me croire. Quelquefois, en passant, il me fait la causette... Ce qui me chiffonne, c'est qu'il a l'air malheureux ce garçon. Moi, il aurait des peines de cœur que j'en serais pas étonnée.

— Vous savez que vous êtes fine mouche, madame ?

— J'en ai toujours eu la réputation.

— Alors, d'après vous, M. Payrac ne reçoit personne ?

— Personne : je le jure sur la tête de mon défunt Ernest ! Tiens, vous me faites penser que je l'ai pas vu ce matin, M. Edmond. Pourvu qu'il lui soit rien arrivé !

— J'ignorais qu'il fût encore là. Eh bien ! je vais monter le voir.

— Au deuxième, droite.

— Merci.

En arrivant devant la porte de l'amoureux d'Hélène Valfroicourt, Léonce commença par apaiser un cœur que les montées d'escalier affolaient de plus en plus, puis il sonna. Avant que Payrac, qui lui ouvrait, n'ait pu dire un mot, Cernil s'enquit :

— Vous n'êtes pas malade ?

— Ma foi, non. Pourquoi... ?

— Parce que vous devriez être à l'étude, à cette heure-ci, non ?

— Je... je n'ai pas osé. Mais entrez, je vous prie.

Le petit appartement d'Edmond était d'une simplicité monacale et il n'était nul besoin de l'affirmation de la concierge pour deviner qu'aucune femme n'avait pénétré dans ce refuge.

— Je suis navré, monsieur le Commissaire, mais je n'ai pas grand-chose à vous offrir.

— Aucune importance. Je suis heureux de vous rencontrer. Je tenais à vous mettre au courant. Pour me défendre...

— Vous défendre ?

— Ce serait trop long à vous expliquer... J'ai été absolument obligé de révéler aux Valfroicourt qui était vraiment leur cousine.

Edmond pâlit.

— Et... vous leur avez... dit ?

— Oui.

— En présence de... de Mme Valfroicourt ?

— Oui.

— Mon Dieu ! Et... comment a-t-elle... réagi ?

— D'abord, une totale incrédulité, ensuite de l'indignation, enfin des larmes. Je crois qu'elle a été très touchée par votre attachement.

— Et M° *Valfroicourt* ?

— Moins compréhensif... mais surtout étonné. Il ne semblait pas pouvoir croire que quelqu'un pût s'éprendre de sa femme.

— Naturellement, il faut que je quitte l'étude.

— J'estime que c'est préférable, à tous les points de vue. Que vous proposez-vous d'entreprendre ?

— Je ne sais pas encore.

— J'ai vu M. Beveuge... Il ne vous porte plus dans son cœur et je me demande s'il ne va pas mettre Valfroicourt, dont il est aussi le banquier, au courant de vos emprunts.

Léonce se leva et tapant amicalement sur l'épaule du jeune homme :

— Vous savez très bien qu'il y a quelqu'un qui ne demande qu'à vous aider ou alors c'est que vous êtes vraiment un imbécile.

-:-

Les heures coulaient trop lentement au gré de Cernil exaspéré par l'attente. En quittant Payrac, il s'était offert une longue promenade, puis pour apaiser ses nerfs, il s'en fut rendre visite à Aristide Busloup qui le reçut de la plus mauvaise grâce du monde, tout en affirmant :

— Monsieur le Commissaire, je ne suis pas fâché de vous voir !

Le père de Désirée était un homme trapu, court sur jambes avec un torse puissant Sa laideur s'affirmait peu commune. On pensait à un sanglier.

— J'attends des explications, monsieur le Commissaire.

— Vous me surprenez, car je suis justement venu vous en demander.

— Pardon ?

— Voulez-vous me dire, monsieur, à quoi rimait votre démarche auprès de mon collègue, le commissaire Aulas, et cette tentative d'intimidation, ces menaces, pour essayer d'entraver mon enquête ?

— Mais...

— Il n'y a pas de mais, monsieur ! Ignorez-vous qu'il est très dangereux de tenter d'influencer un officier de police ?

— Je ne puis tolérer...

— Mêlez-vous de vos affaires, monsieur, et je ne pense pas que celles-ci vous donnent le droit de mettre votre nez dans des histoires qui ne vous regardent pas et que je suis seul mandaté pour essayer de mener à bien.

— Je ne supporterai pas...

— Ce que vous supportez ou pas m'est égal. Je vous avertis que si vous vous avisez encore de me mettre des bâtons dans les roues, je dépose une plainte contre vous pour complicité.

— Quoi ?

— Comment appeler la chose autrement puisque vous désirez m'empêcher de démasquer le meurtrier de Monique Sartilly ?

— Moi !

— Quel sens alors donner à votre démarche ?

— Je voulais simplement que vous laissiez ma fille tranquille !

— Si je suis venu l'importuner quelque peu, tenez pour assuré que les nécessités de l'enquête l'exigeaient. J'avais besoin de son concours pour mettre hors de cause certaine personne et aussi pour essayer de mieux connaître la victime. Persuadez-vous que je n'ennuie pas les gens pour mon plaisir. Quant à Mlle Busloup, j'ai pour elle la plus grande sympathie. C'est une jeune fille de qualité comme j'aurais aimé en avoir une si je m'étais marié. Sur ce, monsieur, je vous salue.

— Monsieur le Commissaire... Voulez-vous accepter mes excuses ?

-:-

Un peu calmé, Léonce poursuivit sa promenade et incapable de manger quoi que ce soit, il grimpa dans le premier autocar qu'il rencontra et c'est ainsi qu'il eût la chance de se retrouver, trois quart d'heure plus tard à Conches, où il oublia complètement ses soucis et son impatience en se promenant dans ce bourg ne ressemblant à rien de ce qu'il connaissait et en visitant l'église et son fameux trésor. Quand il reprit le car pour Rodez, Léonce se sentait un autre homme.

-:-

Après avoir été saluer le commissaire Aulas qui lui dit s'être inquiété de sa disparition et lui avoir appris ce qu'avait été son emploi du temps de la journée, il retourna à son hôtel et grimpa dans sa chambre non sans avoir averti la réception qu'il attendait

Mme Suzanne Montenay et qu'on veuille bien le prévenir sitôt que cette dame serait là.

A dix heures du soir, Cernil guettait toujours l'appel
téléphonique annonçant l'arrivée de Suzanne. Il n'en
pouvait plus, tournant dans sa chambre à la façon d'un
ours en cage. Brusquement, il se coiffa de son chapeau
et se précipita au « Trois Cassoulets ». Le nombre de
couverts était très satisfaisant. Le policier attrapa Germaine qui passait devant lui.

— Où est Suzanne ?

— Je ne sais pas.

— Je vous avertis que...

— Ne montez pas sur vos grands chevaux ! Suivez-
moi.

Il la suivit à la cuisine.

— Monsieur le Commissaire, nous sommes très
inquiètes, Mireille et moi. C'est la première fois que
Suzanne ne rentre pas de Toulouse à l'heure habituelle.
Nous nous demandons s'il n'est pas arrivé quelque
chose.

— Elle ne serait pas chez M. de Créau ?

— J'ai téléphoné à la Grange, il y a une heure... Le
baron rentrait d'un court voyage. Il n'était au courant de
rien.

— Germaine... Suzanne n'aurait-elle pas commis la
folie de se sauver ?

— De se sauver ?

— Parce qu'elle est mêlée au meurtre de Monique
Sartilly et qu'elle sait que je le sais.

— Je vous affirme que vous vous trompez complètement.

— Alors, où est-elle, bon Dieu !

— Si seulement je m'en doutais...

La rage au cœur, Cernil rentra se coucher, mais ne
put trouver le sommeil qu'à l'aube, un sommeil lourd

traversé de cauchemars dont il fut tiré par la sonnerie du
téléphone. Il prit à tâtons l'appareil et l'esprit encore
embrumé demanda :

— Elle est là ?

— Pardon ?

— Mme Montenay ?

— C'est le commissaire Aulas, monsieur.

Du coup, Cernil se réveilla et un rapide coup d'œil à
sa montre lui apprit qu'il était neuf heures du matin.

— Passez-le-moi, je vous prie... Aulas ?

— Il faut que je vous voie tout de suite.

— Donnez-moi dix minutes et montez.

— Entendu.

Léonce s'en fut se passer la tête sous le robinet pour
se rafraîchir les idées et achever de se réveiller. Ayant
tiré ses couvertures, ouvert la fenêtre, il finissait d'enfiler
sa robe de chambre lorsque Aulas se présenta :

— Bonjour, ami.

— Bonjour, Aulas, que se passe-t-il ?

— Quelque chose de moche.

— A propos de... ?

— De Suzanne Montenay.

— Elle a fichu le camp, cette idiote ?

— D'une certaine manière... Elle est morte.

— Morte !

— On l'a trouvée étranglée dans un hôtel de Toulouse
bien connu de la police toulousaine. Une maison qui
reçoit à la journée les amoureux souhaitant se connaître
de plus près.

— Etranglée, hein ?

— Comme Monique Sartilly.

— Le salaud ! Est-ce qu'on a une idée de l'assassin ?

— Sa description est celle qu'on pourrait donner de

n'importe quel homme costaud qui ne serait plus de la
première jeunesse.

— M. de Créau ?

— Entre autres.

— Filons à Toulouse !

-:-

Aulas conduisait la voiture qu'il avait amenée devant
l'hôtel Brossy. Pendant le trajet, Léonce n'ouvrit presque
pas la bouche. Pauvre Suzanne... Il revoyait son regard
effrayé de l'avant-veille... Il avait de la peine et, du
même moment, une rage froide l'animait contre son
assassin, ce meurtrier qui se moquait de lui depuis trop
longtemps déjà. Les policiers couvrirent la distance les
séparant de Toulouse en moins de deux heures et demie.
Ils se rendirent tout de suite à la morgue où ils virent le
visage boursouflé par l'atroce agonie de la malheureuse.
Le médecin Légiste consulté, confirma ce dont les commissaires se doutaient : la victime avait été étranglée par-
derrière, ainsi que le révélait la position des marques de
doigts sur le cou. En rabattant le drap sur le visage de la
morte, Cernil pensa que si elle avait eu confiance en lui
ou si elle avait eu moins peur, Suzanne Montenay serait
toujours en vie. Une boule obstruait la gorge du policier
qui eût du mal à déglutir.

En quittant la morgue, les deux hommes se rendirent
au S. R. P. J. toulousain où ils furent reçus par le commissaire Gajoubert qui les mit brièvement au courant des
faits et conclut :

— D'ailleurs, nous avons gardé à votre disposition la
directrice de l'hôtel que nous avions convoquée pour
onze heures. Elle vous attend dans une pièce voisine où
vous serez tranquilles. Je vous y fais conduire.

Celle que Léonce se proposait d'interroger ressemblait

davantage à une directrice d'école qu'à la tenancière d'une maison de rendez-vous. Elle ne semblait pas intimidée, mais ne témoignait pas de la moindre arrogance.

— De quelle façon avez-vous découvert le crime, madame ?

— Le monsieur était parti depuis plus d'une heure lorsque je me suis rendu compte que la dame ne s'était pas encore montrée. Ils avaient, tous les deux, l'habitude d'emprunter l'entrée principale, ce qui me donnait à penser qu'ils n'étaient pas de Toulouse, mais de la banlieue, sinon de plus loin.

— Vous avez deux sorties ?

— C'est indispensable, pour rassurer la clientèle.

Elle baissa pudiquement les yeux et Cernil eût envie de la gifler.

— Dans mon métier, ce que l'on redoute le plus, ce sont les accidents. A cause des familles, n'est-ce pas ? Alors, je suis montée. J'ai frappé plusieurs fois à la porte de la chambre et comme je n'obtenais pas de réponse, je me suis servie de mon passe. C'était effrayant... Cette femme...

— Elle venait souvent ?

— Tous les lundis.

— Parlez-moi du monsieur ?

— Vous savez, en règle générale, les messieurs s'efforcent de ne pas montrer leur visage ou de le dissimuler le mieux possible. Pour ne pas les gêner, nous nous appliquons à ne pas les regarder.

— Donc, vous ne le reconnaîtriez pas ?

— Je pense que si, cependant.

— Pouvez-vous nous le décrire ?

— Mon Dieu... Pas mal de sa personne... Un visage assez sympathique, mais sans rien de marquant.

— Quel âge ?

— Je ne sais pas au juste... Un homme mûr... Environ la cinquantaine, il me semble ou un peu plus.

— Grand ?

— Oui, plutôt.

— Des épaules larges ?

— Assez.

Les policiers ne purent guère obtenir davantage. Ayant pris congé du commissaire Gajoubert, Léonce désira se rendre au couvent où vivait la vieille maman de Germaine Montenay. Ils y furent reçus, après avoir décliné leur identité, par la supérieure elle-même. Elle écouta leur demande et, un peu surprise, leur répondit :

— Je crains, messieurs, que vous n'ayez été abusés. Nous n'avons jamais eu de pensionnaire.

-:-

Sur la route de Rodez, le commissaire Aulas roulait beaucoup moins vite qu'à l'aller.

— A votre avis, Cernil, pourquoi Suzanne Montenay nous a-t-elle menti ?

— Ce n'est pas à nous qu'elle mentait, mais aux autres. En ce qui nous concerne, elle a bien été obligée de continuer le jeu.

— Quels autres ?

— Ses deux amies d'abord, les barons ensuite.

— Un seul fait m'apparaît évident : elle trompait de Créau.

— Oui.

— Je n'arrive pas à le comprendre.

— Je me souviens d'une remarque de Germaine me parlant de sa camarade : elle se laisse toujours embobiner par des paroles tendres. Je n'imagine pas que le

baron ait jamais prononcé de ces mots dont les Suzanne
du monde entier ne peuvent se passer.

— Et le coupable ? Vous avez une idée ?

— Pas la moindre.

— Le séducteur, sans aucun doute.

— Peut-être. Toutefois, la propriétaire de l'hôtel nous
a appris que sa maison avait une sortie discrète... Or,
une sortie est aussi une entrée.

— Ce qui veut dire ?

— Que quelqu'un a pu suivre Suzanne, attendre que
son complice soit parti et monter la rejoindre pour la
tuer sans attirer l'attention. Il est possible qu'il l'ait
rencontrée dans le couloir, obligée à retourner dans la
chambre où il l'a étranglée... M. de Créau doit être très
fort.

— Vous pensez qu'il était au courant de... de sa
disgrâce ?

— Je l'ignore, mais je crains d'avoir attiré son attention par mon entretien avec Suzanne et puis, voyez-vous,
Aulas, ces barons sont des gens hors du commun... Je les
ai moqués en parlant des Trois Mousquetaires et pourtant... Les Mousquetaires avaient aidé l'un d'eux à punir
une femme qui les avait trahis... M. de Harna est d'un
tempérament violent...

— Et si, contrairement à votre théorie des Mousquetaires, l'un des deux autres barons avait été le parte-
naire de Suzanne ?

-:-

De retour à Rodez, Cernil s'était précipité, rue des
Pénitents-Blancs pendant que le commissaire Aulas se
chargeait de prévenir M. de Créau, en admettant qu'il ne
fut pas au courant.

Quand elles surent ce qui était arrivé à Suzanne, Mireille et Germaine fondirent en larmes. Toutefois, à leur chagrin, se mêlait un étonnement profond. Elles ne parvenaient pas à accepter cette Suzanne inconnue que sa mort révélait. Elles ne réalisaient pas qu'elle ait pu leur mentir avec tant d'obstination. Elles avaient aussi de la peine pour M. de Créau. Quant à ce dernier, il refusa de recevoir Aulas. Et Léonce ne se sentait pas le goût de forcer sa porte, fut-ce au nom de la loi. Il se rendait parfaitement compte qu'il n'agissait pas à la façon d'un policier, mais quelque chose en lui l'assurait qu'il n'aurait nul besoin de pousser le baron dans ses derniers retranchements et que s'il était coupable du meurtre de sa maîtresse, il se dénoncerait. Aulas se montrait beaucoup plus sceptique.

-:-

La mort de Suzanne Montenay fit une impression profonde à Rodez. Les adversaires des « dames » affirmèrent que des créatures de cette sorte sont généralement vouées à des fins aussi lamentables. Mais la majorité de l'opinion s'émut de ce crime et nombreux furent ceux qui écrivirent au baron de Créau pour lui dire leur sympathie. Le restaurant « Aux Trois Cassoulets » resta fermé jusqu'après les obsèques de Mme Montenay.

Suzanne devait être inhumée au cimetière de Villecomtal dont la Grange dépendait.

Le jour de l'enterrement, Aulas et Cernil se rendirent dans la petite ville et regardèrent défiler le convoi funèbre. Derrière le corbillard surchargé de couronnes, marchaient les trois barons. M. de Créau entre ses deux amis. Ils n'avaient pas l'air accablés et allaient d'un pas ferme, le buste bien droit, la tête levée comme pour montrer qu'ils agissaient à leur guise et ne se souciaient guère de l'opinion d'autrui. Aulas chuchota à Léonce :

— Dire qu'il va peut-être falloir passer les menottes à l'un d'eux.

Après les barons, venaient les « dames ». Mireille et Germaine vêtues de noir, n'avaient point honte de pleurer leur amie disparue. Entre elles et le début du cortège, il y avait un espace assez important. On eût dit que, spontanément, s'était installé une sorte de « no man's land » entre le petit monde fermé des barons et le monde des autres.

Le commissaire de Rodez murmura encore :

— Ce sont quand même des personnages à part, ces bougres...

— Jusqu'à quel point ?

— Pardon ?

— Je veux dire : jusqu'à quel point jugent-ils que les lois communes ne les regardent pas ? Estiment-ils que leur justice seule a une quelconque valeur ? Je ne puis m'empêcher de songer au châtiment — en vérité au meurtre — de lady de Winter par les Trois Mousquetaires. Coupable d'avoir trahi le clan, Suzanne a-t-elle été condamnée par les trois amis et, dans ce cas, lequel des trois s'est chargé de l'exécution ?

— Le mieux ne serait-il pas de le leur demander ?

— C'est bien ce que je me propose de faire.

Les policiers se mêlèrent à ceux qui accompagnaient Suzanne Montenay à sa dernière demeure. Arrivés au cimetière, ils s'approchèrent de la fosse qu'encadraient d'un côté, les barons, de l'autre, les « dames ». M. de Créau fut le premier à jeter une poignée de terre sur le cercueil descendu dans le trou et ne s'arrêta pas à la porte du champ de repos pour y recevoir les condoléances, selon l'usage. MM. de Harna et de Fourmage marchèrent à sa hauteur durant une centaine de mètres, puis chacun de ces messieurs monta dans sa voiture en compagnie de son amie. M. de Créau grimpa dans la

sienne et prit la direction de la Grange. Le commissaire
Aulas proposa à son collègue :

— Je vous ramène à Rodez ?

— Non. Il faut que je rencontre M. de Créau, de gré
ou de force.

— Vous voulez que j'aille avec vous ?.

— Inutile... Soyez assez aimable pour m'envoyer chercher, vers 17 heures à « La Tour Verte » où nous avons
pris notre café en arrivant.

Son ami parti, Léonce rentra dans le cimetière où les
fossoyeurs achevaient leur tâche. Quand ils se furent
éloignés, le policier regarda longuement l'endroit où dor-
mait à jamais cette Suzanne qui lui devait peut-être
d'avoir été tuée. Sa visite du lundi avait tout déclenché,
mais qu'était-ce que ce « tout » ? Fallait-il comprendre
que Suzanne s'était rendue exceptionnellement à Toulouse pour voir celui qui partageait son secret et lui
confier son intention d'en faire part à la police pour se
disculper des soupçons pesant sur elle ? L'inconnu
l'avait-il assassinée pour la contraindre au silence ?
M. de Créau avait-il surpris les quelques mots dits par
son amie à Cernil et l'avait-il suivie à Toulouse, seul ou
en compagnie des barons ? L'avait-il tuée pour la punir
de berner un homme comme lui ? Autant de questions
qui risquaient de demeurer sans réponse maintenant que
Suzanne était morte. Pourtant, Léonce ne se sentait pas
du tout enclin à renoncer. Il lui semblait qu'il lui incom-
bait de venger la volage.

Revenant vers le centre du bourg, le commissaire
pensa que c'était un étrange caprice du destin que
d'avoir réuni dans la mort — et de la même façon — ces
deux êtres qui se haïssaient : Monique Sartilly et
Suzanne Montenay.

A la Tour Verte, Cernil dégusta un fricandeau de porc
aux lentilles et, pour dessert, une fougasse dont il trempa

les tranches dans un vin rouge plus aimable que généreux, ce qui était préférable pour le bon cheminement de
sa pensée.

En guise de promenade digestive, il s'offrit le tour du
pays et se fit conduire à la Grange par un garagiste qui,
de temps à autre, lâchait les outils pour devenir chauffeur
de taxi. Léonce pria ce dernier de l'attendre et partit
d'un pas ferme vers la villa-château bien décidé à ne pas
accepter qu'on lui en refusât l'entrée. Au moment où il
s'apprêtait à monter les marches du perron, le policier
s'entendit héler.

— Je vous attendais plus tôt, monsieur le Commissaire.

Les mains dans les poches de sa culotte de cheval, le
baron regardait ironiquement son visiteur, de l'angle
derrière lequel s'ouvraient les communs. Léonce alla au
maître de maison.

— Je vous ai vu ce matin au cimetière... Vous y étiez
par devoir ou par sympathie pour Suzanne ?

— Les deux, mais je pense d'abord pour la sympathie.

— Je vous remercie. Acceptez-vous de marcher un
peu ?

— Volontiers.

Ils déambulèrent, sans un mot, autour de la demeure
pendant cinq ou six minutes. Au bout de ce laps de
temps, le baron invita son hôte à s'asseoir sur un vieux
banc qu'il définit comme une épave des splendeurs passées. Lorsqu'ils eurent pris place, M. de Créau
s'enquit :

— Alors, monsieur le Commissaire, qu'êtes-vous venu
me demander ?

— Si vous aviez tué Suzanne Montenay ?

— Voilà pour le moins une étrange interrogation...
Aurais-je l'air d'un tueur ?

— C'est là une question, pas une réponse.

— Non, je n'ai pas tué Suzanne.

— Vous saviez qu'elle vous trompait ?

— Oui.

— Depuis quand ?

— Dès que j'ai appris qu'elle allait voir à Toulouse sa mère, morte en la mettant au monde.

— Vous connaissiez l'identité de son amant ?

— Non.

— Avez-vous cherché à la connaître ?

— Non.

— Surprenant...

Le baron qui, jusqu'alors, avait répondu en regardant le sol, releva la tête et fixa son interlocuteur.

— Monsieur le Commissaire, je crains que vous ne parveniez pas à saisir le sens de mon attitude. J'éprouve beaucoup de peine de la disparition de Suzanne. D'abord, parce que c'était une bonne fille qui a eu une mort trop... trop importante pour elle, ensuite parce qu'elle aura été la dernière femme mêlée à mon existence... L'affection que je lui portais n'avait rien de charnel ou plutôt ce genre d'amour n'était pas ce qui comptait entre nous. Elle me rassurait, elle m'armait contre la vieillesse et ses misères. Je savais qu'elle serait là jusqu'au bout, tandis que maintenant, c'est la solitude qui m'est promise. Elle me trompait ? La belle affaire ! Elle était un cœur simple qui avait besoin de romance... Ses écarts de conduite ne touchaient en rien à la profondeur de notre attachement.

— Le jour du meurtre, vous vous êtes absenté. Où étiez-vous ?

— Chez un petit-cousin — M. de Saint-Martin, à Montbazens — qui m'avait invité à déjeuner. Je l'ai quitté vers dix-huit heures. Il pourra en témoigner.

— Je n'en doute pas.

— Ainsi que les domestiques à qui j'ai parlé ou qui m'ont servi.

— Croyez-moi ou non, mais je suis heureux de pouvoir vous rayer de ma liste de suspects. Vous n'avez aucun soupçon quant à l'identité de votre rival qui, sans nul doute, est aussi le meurtrier ?

— Non.

— M. de Créau, je vais vous poser une question très délicate et qui risque de vous indigner, mais j'y suis contraint... L'idée ne vous a pas effleuré que le complice de Suzanne pouvait être un de vos deux amis ?

— Pour me poser cette question, monsieur le Commissaire, il faut que vous manquiez de repère pour juger de la qualité de l'amitié qui nous unit M. de Fourmage, M. de Harna et moi.

— Puisque nous sommes dans l'absurde, permettez-moi d'y demeurer un instant encore en vous demandant si vos amis, ayant appris les incartades de Suzanne, n'auraient pas décidé de la châtier ?

Cette fois, le baron de Créau se mit à rire.

— Je n'aurais pas cru qu'un policier pût avoir autant d'imagination. Je ne pense pas que M. de Fourmage ait jamais vu tordre le cou à un poulet sans manquer s'évanouir et M. de Harna n'empièterait pour rien au monde sur mes prérogatives sans en solliciter la permission.

— Vous-même, vous ne tenez pas à connaître l'identité de...

M. de Créau coupa son hôte.

— Non.

— Pour quelles raisons ?

— Pour n'être pas tenté de vous devancer.

Cernil rejoignit son taxi et retourna à la Tour Verte où la voiture de la police qui l'attendait le ramena à Rodez.

-:-

L'innocence pratiquement établie des barons rejetait Léonce dans le brouillard. Il lui fallait s'avouer qu'il n'était guère plus avancé que lors de son arrivée à Rodez. Comment mettre un nom sur ce visage inconnu qui pouvait appartenir à n'importe qui vivant n'importe où ? Toutefois, le fait que Monique Sartilly ait pu faire chanter aussi cet homme donnait à penser qu'il habitait Rodez. Repoussant le moment d'aller apprendre son échec de la Grange à Aulas, Léonce s'en fut marcher à travers le vieux Rodez pour retrouver sa sérénité. Dans une ruelle dont il oublia de lire le nom et dont par la suite, il se montra incapable de se rappeler la situation exacte, il tomba en arrêt devant une boulangerie semblable à celle de son enfance. La vitrine étroite, crasseuse à souhait, renfermait des sujets en pain d'épices. Le commissaire se revit, gamin, donnant la main à sa mère et la harcelant pour qu'elle lui achetât un de ces bonshommes qu'il dévorait en commençant par les membres inférieurs. Il se rappelait ses désespoirs en constatant que pas plus les bonshommes que les lapins ou les autres animaux ne portaient son prénom à lui, trop peu commun. Attendri, le policier contemplait cette parade immobile, lorsque son regard se fixa. Il demeura un instant comme figé puis, poussant un long soupir, il reprit sa promenade d'un pas plus alerte. Il connaissait l'assassin de Monique Sartilly et de Suzanne Montenay.

Sur la place d'Armes, tandis qu'il se dirigeait vers son hôtel, Cernil rencontra Mᵉ Valfroicourt.

— Alors, monsieur le Commissaire, cette enquête ?

— Elle avance, maître, elle avance.

— Vous savez que depuis votre visite, ma femme semble littéralement porter le bon Dieu en terre ? Elle

s'accuse de n'avoir pas remis sa cousine sur le droit
chemin, d'avoir bouleversé Payrac... A propos de mon
clerc, excessivement émotif, j'ai été obligé de le prier de
nous quitter... On aurait dit que je lui ordonnais de se
suicider, à ce petit imbécile ! En tout cas, étant la seule
héritière de Monique Sartilly, ma femme remboursera
les sommes que cette dernière s'est criminellement pro-
curées. Elle espère ainsi apaiser ses remords.

— Serait-ce trop vous demander, maître, que de me
faire visiter la chambre qu'occupait votre cousine ?

— Mais je suis à votre disposition. Quand désirez-
vous venir ?

— Ce soir à vingt heures, cela irait ?

— Demain, ce ne serait pas suffisant ?

— Je préférerais aujourd'hui.

— Soit, mais venez me prendre à mon bureau et je
vous y conduirai directement pour ne pas déranger ma
femme dont l'humeur est sujette à caution pour le
moment.

— Entendu et merci.

-:-

De sa chambre, Cernil appela le commissaire Gajoubert à Toulouse, le pria d'effectuer pour lui une
démarche et de le rappeler à 19 h 30 au commissariat
pour lui en donner le résultat. Cela fait, il se mit en
relation avec Aulas et sans lui laisser le temps de poser
des questions, l'envoya chez M. Beveuge afin de l'interroger sur un point bien précis. Il lui annonça qu'il le
rejoindrait à 19 h 15. Puis, Léonce partit rendre visite au
jeune Payrac qu'il trouva en train de préparer sa valise.
Il annonça à Edmond qu'il serait remboursé. En
échange, celui-ci lui montra la lettre très digne, très
affectueusement maternelle aussi, de Mme Valfroicourt

et qu'il se proposait, romantiquement, de garder jusqu'à la fin de ses jours. Les deux hommes s'entretinrent amicalement et le commissaire réclama à son hôte quelques précisions dont il avait besoin

-:-

A l'heure dite, Cernil pénétra dans le bureau de son ami Aulas qui s'exclama :

— Une corvée dont je vous remercie ! le père Beveuge a failli me bouffer tout cru ! Il a fallu que je le menace presque pour qu'il consentît à se rendre à la banque et y chercher ce que vous désiriez. Tenez, le voilà votre papier. Je ne vois pas à quoi il va vous servir, d'ailleurs ?

La sonnerie du téléphone permit à Léonce de ne pas répondre. Aulas lui tendit le combiné :

— Toulouse...

Cernil écouta et conclut :

— Merci, mon cher collègue... Vous m'avez rendu un sacré service. A charge de revanche, je l'espère. Au revoir et encore merci.

Ayant rendu l'appareil à son ami, Léonce déclara :

— J'ai la quasi certitude que nous trouverons le fin mot de l'énigme dans la chambre de Monique Sartilly. Allons-y, Mᵉ Valfroicourt nous attend.

Le notaire reçut courtoisement les policiers en les priant de ne pas faire trop de bruit afin de ne pas éveiller l'attention de sa femme. Il les conduisit dans la pièce qu'occupait feue sa cousine par alliance et sitôt qu'il y fut entré, Cernil poussa un soupir de soulagement.

— Enfin !

Les deux autres tournèrent vers lui des visages surpris.

— Regardez ! sur le mur...

Au-dessus d'un secrétaire, il y avait trois de ces rubans — autrefois spécialisés de Saint-Etienne — et encadrés. Ils représentaient l'un, un page aux pieds d'une marquise du XVIIᵉ siècle, l'autre le tableau de Suzanne au bain guettée par les vieillards, le dernier, Saint Antoine priant, son cochon près de lui.

Aulas demanda :

— Et alors ?

— Venez, allons trouver Mme Valfroicourt.

Le notaire protesta :

— Mais, je vous ai dit...

— Il faut pourtant que vous sachiez, tous deux, maître, qui a étranglé votre cousine.

-:-

En voyant entrer les trois hommes, Hélène Valfroicourt gémit :

— Ce n'est donc pas fini !

Tout en s'inclinant, Léonce l'assura :

— Ça l'est, madame.

Tirant un papier de sa poche, il le lui tendit.

— Est-ce votre signature ?

La femme du notaire examina attentivement ce qu'on lui montrait.

— Certainement pas, quoiqu'elle lui ressemble beaucoup... Qu'est-ce que cela signifie, monsieur ?

— J'ai le regret de vous apprendre, madame, que cette fausse procuration est l'œuvre de votre mari qui pouvait ainsi obtenir l'argent qu'il lui fallait remettre à Monique Sartilly.

Le notaire cria :

— Moi ? vous êtes fou ou quoi ?

Hélène, livide, chuchota :

— Mais pourquoi l'aurait-elle... ?

— Parce qu'elle avait découvert ce qu'on vient de me confirmer à Toulouse, il y a un instant, à savoir que ses réunions à la Chambre des Notaires étaient un mensonge et que tous les lundis, il rejoignait Suzanne Montenay dans l'hôtel où elle a été tuée.

Mme Valfroicourt se cacha le visage dans les mains tandis que son mari lui assurait :

— Ne l'écoute pas, Hélène, je t'en supplie... Il ment ! il invente ! il dit n'importe quoi !

— Lorsque Payrac vous a averti du scandale des « Trois Cassoulets » maître, et qu'il vous eût appris les menaces proférées par Monique, vous avez téléphoné de la rue d'Armagnac, où vous assistiez à la réunion de la Confrérie des « Frères et Sœurs de la Bonne Mort », à votre cousine en vous faisant passer pour M. de Créau. Vous avez feint de la rencontrer et tout en l'écoutant vous conter ce qui s'était passé, vous l'avez entraînée dans le passage des Maçons où vous l'avez étranglée. Vous saviez que la police ne pouvait soupçonner long-temps Suzanne et que, M. de Créau, étant chez lui, à la Grange, ne risquait pas grand-chose non plus. Suzanne ignorait le chantage dont vous étiez victime et pour échapper aux soupçons dont je feignis de l'accabler, elle était décidée à me confier pourquoi Monique Sartilly obtenait d'elle tout cet argent, mais honnêtement, elle n'a pas voulu m'en parler avant de vous avoir mis au courant. Vous étiez absent, mardi, parce que vous aviez rejoint votre maîtresse à Toulouse et vous l'avez tuée à son tour pour qu'elle ne parle pas.

— C'est faux !

— J'ai su, par Beveuge lui-même, que sa banque gérait les intérêts de Mme Valfroicourt. Or, il est de notoriété publique que vous étiez complètement désar-genté quand vous vous êtes marié et que le train de vie que vous menez absorbe, avec les impôts, les revenus de l'étude. Dès lors, se posait la question : où trouviez-vous l'argent pour acheter le silence de Monique Sartilly sinon dans le compte de votre femme ? Seulement, il fallait pour cela qu'elle vous ait donné une procuration. On pouvait douter qu'elle ait agi de la sorte en sachant la piètre estime en laquelle elle vous tient, même si son amour pour vous est sincère. Mon collègue Aulas est allé voir M. Beveuge et ayant appris qu'il possédait bien une procuration signée de Mme Valfroicourt en faveur de son mari, il se l'est fait remettre. Je viens de la montrer à celle qui l'avait soi-disant signée... Vous avez commis un faux, maître. Demain, nous vous confronterons avec la tenancière de l'hôtel de Toulouse qui affirme se souvenir très bien du compagnon de Suzanne.

Il y eut un moment de silence où l'on entendait seulement les sanglots de Mme Valfroicourt, puis subitement le notaire céda. Se laissant tomber dans son fauteuil, il dit d'une voix sourde :

— Je regrette pour Suzanne qui était une brave fille mais l'autre garce, elle n'a eu que ce qu'elle méritait.

Alors le commissaire Aulas s'avança et posant sa main sur l'épaule d'Antoine :

— Maître Valfroicourt, au nom de la loi, je vous arrête pour les meurtres commis sur les personnes de Mlle Sartilly et de Mlle Montenay, pour faux et usage de faux. Veuillez me suivre.

Une heure plus tard, dans le bureau du commissaire Aulas, Cernil déclarait :

— C'est en voyant un cochon en pain d'épice portant « Antoine » en lettres de sucre que j'ai compris. Ce prénom aurait dû attirer mon attention et m'expliquer le mot « cochon » dont la Sartilly s'était servie pour le

désigner. A partir de là, je me suis rappelé que les
absences du notaire correspondaient à celles de Suzanne
allant voir sa mère. Si elle mentait, pourquoi n'aurait-il
pas menti, lui aussi ? Valfroicourt n'est pas intelligent
mais il est beau et sait suffisamment parler aux femmes
pour avoir séduit autrefois la riche Hélène. Il est exactement le genre d'homme qui devait plaire à la sentimen-
tale Suzanne. Ce qui m'a arrêté, c'est l'impécuniosité
personnelle du bonhomme dont je savais, par Payrac, la
prodigalité. Où s'était-il procuré les 3 millions anciens
déjà versés à sa cousine ? Il fallait que ce fût dans le
compte de sa femme et pour cela qu'il ait une procuration d'elle. J'étais à peu près certain que si Beveuge en
gardait une, ce ne pouvait être qu'un faux. Je ne me
trompais pas. J'ajoute qu'en plus d'être un homme à
femmes, le notaire était aussi un joueur et que c'est parce
qu'il était au courant du vice de son patron, que Payrac
a songé à se faire passer lui aussi pour un esclave des
cartes et que le nom du cercle où jouait le notaire,
— l'Hypocampe — lui est venu à l'esprit. Edmond m'a
raconté beaucoup de choses quand il a été certain que je
ne le soupçonnais plus. En voyant les tableaux accrochés
au-dessus du secrétaire de la Sartilly, j'ai compris où
cette horrible femme avait péché les mots dont elle
s'était servie pour masquer ses victimes. Elle n'avait eu
qu'à lever les yeux.

-:-

Cernil était de retour à Montpellier depuis plus d'un
an lorsqu'il reçut une lettre du commissaire Aulas qui
l'invitait à venir passer ses prochaines vacances dans le
Rouergue. Il profitait de l'occasion pour lui apprendre
que tout de suite après la condamnation à vingt années

de réclusion criminelle de son mari, Mme Valfroicourt
était entrée au couvent. Mᵉ Payrac, ayant épousé Désirée Busloup, avait repris l'étude Valfroicourt et que les
barons continuaient de vivre à leur manière, sans se
soucier de l'opinion d'autrui.

FIN.

Les Maîtres du Roman Policier

Première des collections policières en France, Le Masque se devait de rééditer les écrivains qu'il a lancés et qui ont fait sa gloire.

Les Reines du Crime

Nouvelles venues ou spécialistes incontestées, les grandes dames du roman policier dans leurs meilleures œuvres.

BLACKMON Anita
1912 On assassine au Richelieu
1956 On assassine au Mont-Lebeau
     (avril 89)

BRAND Christianna
1877 Narcose
1920 Vous perdez la tête

CANNAN Joanna
1820 Elle nous empoisonne

CHRISTIE Agatha
(86 titres parus, voir catalogue général)

DISNEY Dorothy C.
1937 Carnaval

DISNEY D.C. & PERRY G.
1961 Des orchidées pour Jenny *(juin 89)*

EBERHARDT Mignon
1825 Ouragan

KALLEN Lucille
1816 Greenfield connaît la musique
1836 Quand la souris n'est pas là...

LEE Gypsy Rose
1893 Mort aux femmes nues
1918 Madame mère et le macchabée

LE FAUCONNIER Janine
1639 Le grain de sable
1915 Faculté de meurtres
     (Prix du Festival de Cognac 1988)

LONG Manning
1831 On a tué mon amant
1844 L'ai-je bien descendue ?

McCLOY Helen
1841 En scène pour la mort
1855 La vérité qui tue

McGERR Pat
1903 Ta tante a tué

McMULLEN Mary
1921 Un corps étranger

MILLAR Margaret
 723 Son dernier rôle
1845 La femme de sa mort
1896 Un air qui tue
1909 Mortellement vôtre
1928 Le territoire des monstres

MOYES Patricia
1824 La dernière marche
1856 Qui a peur de Simon Warwick ?

1865 La mort en six lettres
1914 Thé, cyanure et sympathie

NATSUKI Shizuko
1861 Meurtre au mont Fuji

NIELSEN Helen
1873 Pas de fleurs d'oranger

RENDELL Ruth
1451 Qui a tué Charlie Hatton ?
1501 Fantasmes
1521 Le pasteur détective
1532 L'analphabète
1582 Ces choses-là ne se font pas
1616 Reviens-moi
1629 La banque ferme à midi
1649 Le lac des ténèbres
1688 Le maître de la lande
1806 Son âme au diable
1815 Morts croisées
1834 Une fille dans un caveau
1851 Et tout ça en famille...
1866 Les corbeaux entre eux
1951 Une amie qui vous veut du bien
     (mars 89)
1965 La danse de Salomé *(juil. 89)*

RICE Craig
1835 Maman déteste la police
1862 Justus, Malone & Co
1870 Malone et le cadavre en fuite
1881 Malone est à la noce
1899 Malone cherche le 114
1924 Malone quitte Chicago
1962 Malone met le nain au violon
     (juin 89)

RUTLEDGE Nancy
1830 La femme de César

SEELEY Mabel
1871 D'autres chats à fouetter
1885 Il siffle dans l'ombre

SIMPSON Dorothy
1852 Feu le mari de madame

THOMSON June
1857 Finch se jette à l'eau
1886 Plus rude sera la chute
1900 Sous les ponts de Wynford
1948 Dans la plus stricte intimité
     (fév. 89)

YORKE Margaret
1958 Morte et pas fâchée de l'être
     (mai 89)

LE MASQUE

Le Club des Masques

« Composition réalisée en ordinateur par INFORMATYPE SERVICE »

IMPRIMÉ EN FRANCE PAR BRODARD ET TAUPIN
Usine de La Flèche (Sarthe).
ISBN : 2 - 7024 - 1890 - 2
ISSN : 0768 - 1070

H 52/0093/6